王玉春 主编

# 财务管理
## 学习指导与练习

Instruction and Practice

Financial
Management

南京大学出版社

**图书在版编目(CIP)数据**

财务管理学习指导与练习 / 王玉春主编. -- 3 版
. -- 南京：南京大学出版社，2018.3(2020.4 重印)
ISBN 978 - 7 - 305 - 19958 - 5

Ⅰ. ①财… Ⅱ. ①王… Ⅲ. ①财务管理－高等学校－
教学参考资料 Ⅳ. ①F275

中国版本图书馆 CIP 数据核字(2018)第 033751 号

扫码查看 ▰ ▰ ▰
非金融企业财务管理
金融企业财务管理
**法律规范**

出版发行　南京大学出版社
社　　址　南京市汉口路 22 号　　　　邮　编　210093
出 版 人　金鑫荣
**书　　名**　**财务管理学习指导与练习**
主　　编　王玉春
责任编辑　唐甜甜

照　　排　南京南琳图文制作有限公司
印　　刷　南京人文印务有限公司
开　　本　710×1000 1/16　印张 12.75　字数 243 千
版　　次　2018 年 3 月第 3 版　　2020 年 4 月第 4 次印刷
ISBN 978 - 7 - 305 - 19958 - 5
定　　价　34.90 元

网址：http://www.njupco.com
官方微博：http://weibo.com/njupco
官方微信号：njupress
销售咨询热线：(025) 83594756

# 前　言

企业财务管理理论与实践不断发展,财务管理教学有关内容也不断更新。本书是普通高等教育"十二五"国家级规划教材、江苏省高等学校"十三五"重点教材——《财务管理》(主编与项目负责人为王玉春教授),及江苏省精品课程"财务管理"的配套参考资料。编写本书主要基于以下考虑:给学生课后学习提供"抓手",强化学生课后练习,帮助学生明确各章的学习目的与要求、重点与难点。学生通过每章课后的训练,可以进一步掌握相关的财务管理理论与方法,真正做到课堂听得懂,课后能上手。同时,也是为了规范教师的教学工作,以进一步打造精品课程、精品教材,完善配套教学资料,再上台阶。

本书有如下特点:(1)紧扣教材内容安排练习,部分知识点适当拓展。(2)精简练习题,突出重点内容和应知应会内容,尽量选择典型例题,起到举一反三的效果。(3)每章的学习目标与要求、重点和难点与相应的《财务管理》教材的章前引言和章后小结相结合,起到互相补充的作用。(4)与相应的《财务管理》教材章后习题相比,本书的习题更系统、完善,题型多样化,且有练习答案,并为期末课程考核提供了一定的参考。书后所附教学大纲、试题式样、推荐的网络资源与参考书刊,更有利于学生自学和考核。《企业财务通则》和《金融企业财务规则》这"两则"是规范企业财务管理工作的准绳,系统学习"两则",有利于学习者明确非金融企业和金融企业财务管理的规范与标准。

南京财经大学王玉春负责本书提纲的拟定、总纂、修改和组织编写工作,以及再版的修订。本书编写具体分工如下:王玉春编写第一章、第二章,石文亚编写第三章,谢惠贞编写第四章,蒋琰编写第五章,王晓武编写第六章,朱秀丽编写第七章,陆兴顺编写第八章,许超文编写第九章,陈榕编写第十章,贺建刚编写第十一章,万如荣编写第十二章,肖凯编写第十三章,张莉芳编写第十四章,袁卫秋编写第十五章。本书由南京财经大学财务管理系部分教师参与编写,编写者均为具有财务管理教学经验的教师,可以说,本书是全体参与编写的教师集体合作的成果,体现了团队合作的精神。

本次修订版在原版基础上,更新了习题及答案单元案例部分的数据,并根据教学实践以及配套教材的修订,对计算题计算过程及名词解释部分进一步完善,以求更加准确、到位;同时,优化了原版编排不方便翻阅的体例。

特别感谢南京大学出版社为本书出版给予的关心与支持。感谢有关授课教师对修订完善本书提出的宝贵意见。本书在使用过程中,还会存在诸多不足之处,恳请读者提出宝贵意见,以便今后再次修订完善。

编　者

2018 年 1 月

# 目  录

## 第三部分　参考资料

# 第一部分
## 学习指导与练习

# 第一章

# 财务管理总论

 学习目标与要求

❶ 了解企业财务管理在不同发展阶段的重点。

❷ 掌握企业财务与财务管理含义：财务是由财务活动和财务关系构成的，财务活动主要包括筹资、投资、营运资金日常管理和收益分配四种活动，财务关系是企业在规划、组织企业的财务活动过程中，与有关方面发生的经济关系；企业财务管理是企业规划、组织和分析评价财务活动，以及处理财务关系的一项管理工作。

❸ 掌握企业复合财务管理目标和单一财务管理目标的含义，进一步掌握不同财务管理目标的特点。

❹ 认识企业的财务管理是在一定的外部环境下开展的，企业的外部财务管理环境主要包括金融环境、财税环境等。

❺ 从现代企业财务决策和财权代理的层面理解如何建立股东大会、董事会和经理层三个层次的财务决策机制和财务控制机制。

 学习重点与难点

**学习重点**

❶ 企业财务与财务管理含义；

❷ 单一财务管理目标与复合财务管理目标的含义；

❸ 企业价值最大化财务管理目标的特点与衡量。

**学习难点**

❶ 公司财务治理结构与公司治理结构的关系；

❷ 股东大会、董事会和经理层三个层次的财务决策机制和财务控制机制的建立，及其相应的财务管理人权与事权。

## ✐ 练习题

**一、单项选择题**(共 10 题,把正确的选项序号填入该题括号)

1. 关于企业财务管理的单一目标,目前我国理论界普遍赞同的观点是(　　)
   A. 企业产值最大化　　　　　　　B. 企业利润额最大化
   C. 企业利润率最大化　　　　　　D. 企业价值最大化

2. 财务管理学科发展的初期阶段为　　　　　　　　　　　　　　(　　)
   A. 18 世纪末期至 20 世纪 20 年代　　B. 18 世纪末期至 20 世纪 30 年代
   C. 19 世纪末期至 20 世纪 20 年代　　D. 19 世纪末期至 20 世纪 30 年代

3. 下列活动为广义的投资活动的是　　　　　　　　　　　　　　(　　)
   A. 有价证券投资　　　　　　　　B. 基建投资
   C. 并购投资　　　　　　　　　　D. 资金投放使用

4. 企业在规划、组织企业的财务活动过程中,与各个经济主体发生的哪种关
系为财务关系　　　　　　　　　　　　　　　　　　　　　　　(　　)
   A. 经济关系　　　　　　　　　　B. 公共关系
   C. 产权关系　　　　　　　　　　D. 会计关系

5. 企业与下列政府哪个主要部门发生财务关系　　　　　　　　　(　　)
   A. 审计部门　　　　　　　　　　B. 财政部门
   C. 税务部门　　　　　　　　　　D. 主管部门

6. 股份有限公司出资人的财务决策权是通过下列哪项行使的　　　(　　)
   A. 股东会　　　　　　　　　　　B. 股东大会
   C. 董事会　　　　　　　　　　　D. 监事会

7. 财务部财务经理财务控制的依据是　　　　　　　　　　　　　(　　)
   A. 财务预算与计划　　　　　　　B. 财务预决算
   C. 公司章程　　　　　　　　　　D. 融投资政策

8. 审计委员会具有一定财务控制和监管的责任,其在哪个机构下设　(　　)
   A. 股东大会　　　　　　　　　　B. 董事会
   C. 监事会　　　　　　　　　　　D. 总经办

9. 财务部财务经理的财务控制重点是　　　　　　　　　　　　　(　　)
   A. 投资效率　　　　　　　　　　B. 筹资效率
   C. 营运效率　　　　　　　　　　D. 现金效率

10. 金融市场货币资金交易价格通常用下列哪一项表现　　　　　　(　　)
   A. 证券价格　　　　　　　　　　B. 兑换汇率

C. 银行利率　　　　　　　　　　　D. 再贴现率

**二、多项选择题**(共 10 题,把正确的选项序号填入该题括号)

1. 金融工具的特征有　　　　　　　　　　　　　　　　　( 　 )
   A. 具有流动性　　　　　　　　　B. 具有偿还性
   C. 具有风险性　　　　　　　　　D. 具有投机性
   E. 具有收益性

2. 财务学一般由下列哪些相互联系的领域构成　　　　　( 　 )
   A. 贸易学　　　　　　　　　　　B. 货币与资本市场
   C. 投资学　　　　　　　　　　　D. 财务管理
   E. 公共管理学

3. 下列哪些属于非银行金融机构　　　　　　　　　　　( 　 )
   A. 财务公司　　　　　　　　　　B. 金融租赁公司
   C. 信托投资公司　　　　　　　　D. 金融资产管理公司
   E. 资金结算公司

4. 财务治理结构的原则主要有　　　　　　　　　　　　( 　 )
   A. 非歧视原则　　　　　　　　　B. 严格治理原则
   C. 财权合理配置原则　　　　　　D. 责任和问责原则
   E. 公平性原则

5. 与公司治理模式相适应的财务治理模式有下列哪几类　( 　 )
   A. 英美治理模式　　　　　　　　B. 南美治理模式
   C. 北欧治理模式　　　　　　　　D. 日德治理模式
   E. 东南亚家族治理模式

6. 董事会财务治理权主要有　　　　　　　　　　　　　( 　 )
   A. 决定经营计划方案　　　　　　B. 制订利润分配方案
   C. 聘任解聘董事长　　　　　　　D. 更换监事
   E. 审议批准财务预算方案

7. 财务管理目标为利润最大化的缺点有　　　　　　　　( 　 )
   A. 没有反映增收节支　　　　　　B. 容易造成短期行为
   C. 没有考虑时间价值　　　　　　D. 没有面向市场经营
   E. 没有考虑风险因素

8. 按交易的金融工具所代表的标的物不同,金融市场可以分为( 　 )
   A. 票据市场　　　　　　　　　　B. 货币市场
   C. 证券市场　　　　　　　　　　D. 外汇市场
   E. 黄金市场

9. 企业财务是指企业客观存在的　　　　　　　　　　　　　　（　　）

 A. 资金运用流转　　　　　　　　　B. 资金流转

 C. 财务活动　　　　　　　　　　　D. 财务关系

 E. 财务效果

10. 企业财务活动可以分为　　　　　　　　　　　　　　　　（　　）

 A. 筹资活动　　　　　　　　　　　B. 投资活动

 C. 营运资金日常管理活动　　　　　D. 收益分配活动

 E. 清算财务活动

**三、判断改错题**(共 10 题,在该题括号中,错的打"×"并改正,对的打"√")

1. 财务部经理的财务控制的重点是资本结构优化问题。　　　　（　　）

2. 20 世纪 90 年代至今为财务管理发展的后期阶段。　　　　　（　　）

3. 新中国成立后,我国企业才有快速的发展,企业才有真正的理财自主权。

 （　　）

4. 企业与债权人之间的财务关系实质是债权、债务关系。　　　（　　）

5. 财务管理环境是指对企业财务活动产生影响的企业内外部条件或因素,通常是指影响企业财务活动的外部条件或因素。　　　　　　　　（　　）

6. 金融市场货币资金的交易价格是用于表现资金的使用价值,通常用股票价格来表现。　　　　　　　　　　　　　　　　　　　　　　（　　）

7. 以英美为代表的财务治理模式,治理结构由股东大会、董事会和高层经营人员组成的执行机构、独立董事三部分组成。　　　　　　　　（　　）

8. 股份有限公司财务经理人员受聘于董事会,在董事会授权范围内组织公司财务活动等。　　　　　　　　　　　　　　　　　　　　（　　）

9. 企业的价值应该是全部资产的公允价值,或者是企业按照一定的折现率折算未来现金流入与流出的现值之和。　　　　　　　　　　　（　　）

10. 1897 年,美国人格林(Thomas L. Greene)撰写的《公司理财》(*Corporate Finance*)一书出版。　　　　　　　　　　　　　　　　　（　　）

**四、填空题**(共 5 题)

1. 明确财务治理分层关系,从财务＿＿＿＿＿＿＿、执行权和监督权三权分离的有效管理模式看,有利于公司财务内部约束机制的形成。

2. 1998 新修订的《普通高等学校本科专业目录》把理财学专业改为＿＿＿＿＿＿＿＿＿＿＿＿专业。

3. 企业与投资者之间的财务关系实质上是投资者的终极财权与企业＿＿＿＿＿＿＿＿＿＿＿的关系。

4. 我国在高度的计划经济体制下,企业追求＿＿＿＿＿＿＿＿＿最大化。

5. 为了协调所有者与经营者的利益,减少经营者的逆向选择和_____
_____,所有者需要设计一套约束和激励制度。

**五、名词解释题**(共 5 题)

1. 财务管理

2. 财务管理目标

3. 金融工具

4. 财务活动

5. 财务关系

**六、简答题**(共 5 题)

1. 企业财务关系有哪些?

2. 复合的财务管理的目标具有哪几个层次?

3. 以企业价值最大化为财务管理目标的优点有哪些?

4. 税收政策对企业财务有哪些影响?

5. 出资者、董事会、财务经理的财务控制思想和控制重点是什么?

# 第二章

# 货币时间价值与风险价值

## 学习目标与要求

❶ 掌握货币时间价值概念及其产生的本质,明确货币时间价值的作用。

❷ 重点掌握货币时间价值的计算方法,包括一次性收付款的终值和现值计算、年金终值和现值计算,比较理解普通年金、先付年金、递延年金和永续年金的含义、特点和有关计算上的差异。

❸ 重点掌握风险价值的含义和衡量。

❹ 初步具备运用货币时间价值与风险价值理论、方法分析解决问题的能力。

❺ 理解影响利率的因素。

## 学习重点与难点

**学习重点**

❶ 货币时间价值的本质及其体现的理财思想;

❷ 一次性收付款的终值和现值计算与运用、年金终值和现值的计算运用,普通年金与先付年金的联系与区别,不同递延年金现值计算方法的比较,永续年金在资产定价上的思想与方法;

❸ 风险价值的概念、计量及其运用。

**学习难点**

❶ 货币时间价值的含义及应用;

❷ 风险的衡量与风险价值的计量;

❸ 影响利率的因素分析。

## 练习题

**一、单项选择题**(共 10 题,把正确的选项序号填入该题括号)

1. 年偿债基金计算公式为 （　　）

A. $A=F\left[\dfrac{i}{(1+i)^n+1}\right]$　　B. $A=F\left[\dfrac{i}{(1+i)^n-1}\right]$

C. $A=F\left[\dfrac{i}{(1+i)^{-n}-1}\right]$　　D. $A=F\left[\dfrac{i}{(1+i)^{-n}+1}\right]$

2. 年资本回收额计算公式为　　　　　　　　　　　　　（　　）

  A. $A=F\cdot\dfrac{i}{1-(1+i)^{-n}}$　　B. $A=F\cdot\dfrac{i}{1-(1+i)^n}$

  C. $A=P\cdot\dfrac{i}{1-(1+i)^{-n}}$　　D. $A=P\cdot\dfrac{i}{1-(1+i)^n}$

3. 年名义利率为 $6\%$，每季复利一次，其年实际利率为　（　　）

  A. $6.14\%$　　　　　　B. $5.86\%$

  C. $6.22\%$　　　　　　D. $5.78\%$

4. 下列只计算现值，不计算终值的是　　　　　　　　（　　）

  A. 普通年金　　　　　B. 先付年金

  C. 递延年金　　　　　D. 永续年金

5. 货币时间价值形成的原因是　　　　　　　　　　　（　　）

  A. 流动偏好　　　　　B. 消费倾向

  C. 边际效应　　　　　D. 经营增值

6. 货币时间价值以下列哪项为基础　　　　　　　　　（　　）

  A. 社会平均资金利润率　　B. 风险报酬

  C. 通货膨胀贴水　　　　　D. 行业平均资金利润率

7. 财务风险一般是由下列哪项原因产生的　　　　　　（　　）

  A. 经营不确定性　　　　　B. 负债融资效果不确定性

  C. 权益融资效果不确定性　D. 理财活动不确定性

8. 流动性风险大与流动性风险小的证券利率差距一般介于下列哪个区间

  　　　　　　　　　　　　　　　　　　　　　　　（　　）

  A. $0.5\%\sim1\%$　　　　B. $1\%\sim2\%$

  C. $2\%\sim3\%$　　　　　D. $3\%\sim4\%$

9. 项目标准离差率为 $60\%$，风险报酬斜率为 $10\%$，则风险报酬率是（　　）

  A. $6\%$　　　　　　　B. $50\%$

  C. $70\%$　　　　　　D. $17\%$

10. 通过多元化投资可以分散的风险有　　　　　　　　（　　）

  A. 市场风险　　　　　B. 开发风险

  C. 特有风险　　　　　D. 财务风险

**二、多项选择题**(共 10 题,把正确的选项序号填入该题括号)

　　1. 年金有下列哪些　　　　　　　　　　　　　　　　　　　(　　)

　　　　A. 展期年金　　　　　　　　　　B. 普通年金

　　　　C. 先付年金　　　　　　　　　　D. 递延年金

　　　　E. 永续年金

　　2. 递延年金现值计算公式有下列哪些　　　　　　　　　　　(　　)

　　　　A. $A[(P/A,i,m+n)-(P/A,i,m)]$　　B. $A(P/A,i,n)\cdot(P/A,i,m)$

　　　　C. $A(P/A,i,n)\cdot(P/F,i,m)$　　　D. $A(P/A,i,n)\cdot(P/F,i,m+n)$

　　　　E. $A(F/A,i,n)\cdot(P/F,i.m+n)$

　　3. 从风险产生的原因、影响程度和投资者的能动性划分,风险有　(　　)

　　　　A. 筹资风险　　　　　　　　　　B. 投资风险

　　　　C. 市场风险　　　　　　　　　　D. 财务风险

　　　　E. 特有风险

　　4. 影响利率的风险有　　　　　　　　　　　　　　　　　　(　　)

　　　　A. 投机风险　　　　　　　　　　B. 违约风险

　　　　C. 流动风险　　　　　　　　　　D. 期限风险

　　　　E. 通胀风险

　　5. 下列哪些年金可以计算终值　　　　　　　　　　　　　　(　　)

　　　　A. 普通年金　　　　　　　　　　B. 先付年金

　　　　C. 递延年金　　　　　　　　　　D. 永续年金

　　　　E. 展期年金

　　6. 下列哪些事项类似年金问题　　　　　　　　　　　　　　(　　)

　　　　A. 使用年限法折旧　　　　　　　B. 发放养老金

　　　　C. 零存整取　　　　　　　　　　D. 分期付款赊购

　　　　E. 支付租金

　　7. 表示随机变量离散程度的指标有　　　　　　　　　　　　(　　)

　　　　A. 标准离差率　　　　　　　　　B. 风险系数

　　　　C. 方差　　　　　　　　　　　　D. 标准差

　　　　E. 全距

　　8. 按利率之间的变动关系分类,利率可以分为　　　　　　　(　　)

　　　　A. 名义利率　　　　　　　　　　B. 实际利率

　　　　C. 基准利率　　　　　　　　　　D. 套算利率

　　　　E. 浮动利率

　　9. 货币时间价值作用有　　　　　　　　　　　　　　　　　(　　)

A. 清算中作用　　　　　　　　B. 筹资中作用

C. 投资中作用　　　　　　　　D. 经营中作用

E. 分配中作用

10. 先付年金总值计算公式为　　　　　　　　　　　　　　　　（　　）

A. $A\left[\dfrac{(1+i)^n-1}{i}\right](1+i)$

B. $A\left[\dfrac{(1+i)^{n-1}-1}{i}\right](1+i)$

C. $A\left[\dfrac{(1+i)^n-1}{i}+1\right]$

D. $A\left[\dfrac{(1+i)^{n-1}-1}{i}+1\right]$

E. $A\left[\dfrac{(1+i)^{n+1}-1}{i}-1\right]$

**三、判断改错题**(共 10 题,在该题括号中,错的打"×"并改正,对的打"√")

1. 货币时间价值应按复利的方法计算。　　　　　　　　　　　（　　）

2. 偿债基金是指为了使年金现值达到既定金额,每年年末应支付的年金数额。　　　　　　　　　　　　　　　　　　　　　　　　　　　（　　）

3. 普通年金也称后付年金。　　　　　　　　　　　　　　　　（　　）

4. 在利息一年内要复利两次以上时,年实际利率要大于给定的年名义利率。

（　　）

5. 一般而言,利率变化要滞后于通货膨胀。　　　　　　　　　（　　）

6. 递延年金问题也可能是前期属于年金问题,后期不属于年金问题。（　　）

7. 财务风险通常是指权益融资风险。　　　　　　　　　　　　（　　）

8. 投资项目风险越高,投资者所要求的期望风险报酬率越高。　（　　）

9. 期望投资报酬率等于无风险报酬率加流动风险报酬率。　　　（　　）

10. 在期数和年金相同的情况下,先付年金的现值小于普通年金的现值。

（　　）

**四、填空题**(共 5 题)

1. 货币时间价值,是指一定量的货币在不同时点上的_____的差额。

2. $(1+i)^n$ 被称为复利终值系数或 1 元的复利终值,一般用符号_____来表示_____。

3. 由于风险报酬率与风险程度成正比,所以,风险报酬率可以通过变化系数和_____来确定。

4. 基准利率,在西方通常是中央银行的再贴现率,在中国是中国人民银行对_____贷款的利率。

5. 在实际工作中,通常以无通货膨胀情况下的_____来代表纯利率。

**五、名词解释题**(共 5 题)

1. 货币时间价值

   2. 偿债基金

   3. 年资本回收额

   4. 财务风险

   5. 风险价值

## 六、简答题(共 5 题)

   1. 货币时间价值的本质是什么?

   2. 货币时间价值的作用有哪些?

   3. 风险的特点有哪些?

   4. 从财务管理的角度看,风险包括哪些?

   5. 利率由哪几个方面构成?

## 七、计算题(共 5 题)

   1. 甲公司向银行借入 100 万元,借款期为 3 年,年利率为 10%,分别计算单利和复利情况下的 3 年后公司还本付息额。

   2. 假定年利率为 5%,在 8 年内每年年末向银行借款 100 万元,则第 8 年末应付银行本息为多少? $(F/A,5\%,8)=9.549$

   3. 假定年利率为 10%,张三有一笔 10 年后到期的借款,本息为 20 万元,从现在起每年年末偿债基金为多少,才能到期偿还借款? $(F/A,10\%,10)=15.937$

   4. 乙公司欲投资一条 1 000 万元的生产线,建设期不足一年,生产线预计使用 20 年,假设社会平均利润率为 10%,则该生产线每年至少给企业带来多少收益才是可行的? $(P/A,10\%,20)=8.514$

   5. 甲公司为筹建一条新的生产线,计划未来 5 年每年年初存入银行 30 万元作为投资准备金,假定银行存款利率为 12%。运用年金的方法计算甲公司在第 5 年末的投资额。

   6. 某公司年初向银行借款,银行贷款复利率为 5%,为了扶持公司发展,银行规定前 5 年不用归还,以后 15 年每年年末需要偿还本息 10 万元,借款额为多少?

   7. 某投资者拟购买公司优先股,优先股股利为每年 50 000 元,市场平均利率为 10%,则不高于多少元购买优先股划算?

   8. 丙公司 2017 年和 2018 年年初对生产线投资均为 500 万元,该生产线 2007 年年初完工,2019 年到 2021 年各年年末预期收益均为 10 万元,银行借款利率为 10%。按复利法分别计算投资额和收益额的现值。

   9. 某公司年初对外投资额为 200 万元,投资年限为 5 年,每季度复利一次,年利率为 12%,则该投资额第 5 年末的终值是多少?

   10. 某公司拟进行股票投资,现有甲、乙两公司股票可供选择,具体资料如表 2-1。

表 2-1　甲、乙公司股票收益率等

| 经济情况 | 概率 | 甲股票预期收益率 | 乙股票预期收益率 |
|---|---|---|---|
| 繁荣 | 0.3 | 60％ | 50％ |
| 复苏 | 0.2 | 40％ | 30％ |
| 一般 | 0.3 | 20％ | 10％ |
| 衰退 | 0.2 | −10％ | −15％ |

要求：分别计算甲、乙股票的期望报酬率，标准差和标准离差率，并比较说明其风险大小。

**八、综合分析题**(共 2 题)

1. 现有甲、乙两台设备可供选用，甲设备的年使用费比乙设备低 2 000 元，但其价格高于乙设备 6 000 元。假设必要的投资报酬率为 12％，$(P/A,12\%,3)=2.401\ 8$，$(P/A,12\%,4)=3.037\ 3$。请问：选用甲设备有利的使用年限至少为多少年？

2. 某公司拟进行股票投资，现有以下两家公司的股票年报酬率等资料见表2-2。

表 2-2　甲、乙两家公司股票年报酬率和概率

| 经济状况 | 概率 | 甲公司股票 | 乙公司股票 |
|---|---|---|---|
| 繁荣 | 0.3 | 60％ | 40％ |
| 稳定 | 0.5 | 20％ | 20％ |
| 下滑 | 0.2 | −30％ | 40％ |

假设甲股的风险报酬系数为 8％，乙股的风险报酬系数为 6％，该公司作为稳健的投资者，比较选择投资哪家的股票更好，理由是什么？

要求：

(1) 计算两种股票的期望报酬率；

(2) 计算两种股票的标准差；

(3) 计算两种股票的标准离差率；

(4) 计算两种股票的风险报酬率；

(5) 分析应投资哪家公司的股票。

# 第三章
# 筹资路径与资本成本

 学习目标与要求

❶ 了解企业筹资的目的、原则和类型以及边际资本成本含义。
❷ 掌握筹资渠道和筹资方式的含义、种类以及筹资渠道和筹资方式的关系。
❸ 理解并运用销售百分比法进行筹资数量的预测。
❹ 理解掌握资本成本的概念、作用，并能运用个别资本成本、综合资本成本分析解决问题。

 学习重点与难点

**学习重点**
❶ 筹资渠道和筹资方式、资本成本的含义；
❷ 资本成本的作用及影响资本成本的因素；
❸ 个别资本成本与综合资本成本的计算。

**学习难点**
❶ 筹资数量预测的销售百分比法；
❷ 边际资本成本的含义与计算。

 练习题

**一、单项选择题**(共 10 题,把正确的选项序号填入该题括号)

1. 在生产能力未充分利用的情况下,采用销售百分比法预测短期资金需求量时,下列不属于敏感资产的项目有 （    ）
    A. 货币资金　　　　　　　　　　B. 应收账款
    C. 存货资金　　　　　　　　　　D. 固定资产

2. 在个别资本成本计算中,不必考虑筹资费用影响因素的是 （    ）
    A. 优先股成本　　　　　　　　　　B. 普通股成本

C. 债券成本　　　　　　　　　　D. 留存收益成本

3. 下列筹资方式中,资本成本较高的是　　　　　　　　　（　　）

   A. 普通股股票　　　　　　　　B. 企业债券

   C. 银行借款　　　　　　　　　D. 商业信用

4. 资金成本的基础是　　　　　　　　　　　　　　　　　（　　）

   A. 资金时间价值　　　　　　　B. 社会平均资金利润率

   C. 银行利率　　　　　　　　　D. 市场利率

5. 一般情况下,企业个别资本成本从小到大的排序应为　　　（　　）

   A. 留存收益成本≤银行长期借款成本≤债券成本≤优先股成本≤普通股
成本

   B. 银行长期借款成本≤债券成本≤优先股成本≤留存收益成本≤普通股
成本

   C. 债券成本≤银行长期借款成本≤留存收益成本≤优先股成本≤普通股
成本

   D. 银行长期借款成本≤债券成本≤留存收益成本≤优先股成本≤普通股
成本

6. 下列哪种方法计算的加权平均资本成本更适用于企业筹措新资本（　　）

   A. 账面价值权数　　　　　　　B. 市场价值权数

   C. 目标价值权数　　　　　　　D. 清算价值权数

7. 关于资本成本的说法不正确的是　　　　　　　　　　　（　　）

   A. 最低可接受的收益率　　　　B. 投资项目的取舍收益率

   C. 以年度的比率为计量单位　　D. 实际筹资付出的代价

8. 资本成本是资金使用者向资金所有者和中介人支付的　　（　　）

   A. 使用费　　　　　　　　　　B. 占用费

   C. 筹资费　　　　　　　　　　D. 占用费和筹资费

9. 资金筹集费同资金占用期一般并无直接联系,可以看作是资本成本中的

                         （　　）

   A. 变动费用　　　　　　　　　B. 固定费用

   C. 直接费用　　　　　　　　　D. 间接费用

10. 属于筹资渠道的是　　　　　　　　　　　　　　　　　（　　）

   A. 预付账款　　　　　　　　　B. 应收账款

   C. 信贷资金　　　　　　　　　D. 应付账款

**二、多项选择题**(共10题,把正确的选项序号填入该题括号)

1. 企业筹集自有资金的方式主要有　　　　　　　　　　　（　　）

  A. 商业信用   B. 吸收直接投资   C. 融资租赁

  D. 发行股票    E. 发行债券

 2. 企业筹集负债资金的方式主要有           （  ）

  A. 商业信用   B. 金融机构借款   C. 融资租赁

  D. 发行股票    E. 发行债券

 3. 下列项目中属于敏感资产的有           （  ）

  A. 货币资金   B. 应收账款   C. 融资租赁

  D. 存货     E. 债券

 4. 下列项目中属于敏感负债的有           （  ）

  A. 货币资金   B. 应收账款   C. 应付账款

  D. 存货     E. 应付费用

 5. 预测筹资数量常用的方法有            （  ）

  A. 销售百分比法  B. 应收账款法   C. 应付账款法

  D. 存货基价法   E. 回归分析法

 6. 所有者权益资本成本是指            （  ）

  A. 借款成本   B. 债券成本   C. 优先股成本

  D. 普通股成本   E. 留存收益成本

 7. 债务资本成本是指              （  ）

  A. 融资租赁成本  B. 商业信用成本   C. 优先股成本

  D. 普通股成本   E. 留存收益成本

 8. 普通股资本成本计算方法有           （  ）

  A. 股票成长法   B. 股利增长模型法  C. 资本资产定价模型法

  D. 收益成本法   E. 风险溢价法

 9. 测算综合资本成本时的权数计算方法有       （  ）

  A. 账面价值权数  B. 市场价值权数   C. 资本资产定价模型法

  D. 基础比较权数  E. 目标价值权数

 10. 留存收益资本成本计算方法有          （  ）

  A. 市场价格法   B. 股利增长模型法  C. 资本资产定价模型法

  D. 重置成本法   E. 风险溢价法

**三、判断改错题**(共 10 题,在该题括号中,错的打"×"并改正,对的打"√")

 1. 留存收益的资本成本是一种机会成本,应当获得与普通股等价的报酬,因此它的资本成本就是普通股的资本成本。      （  ）

 2. 综合资本成本率的高低是由个别资本成本率所决定的。   （  ）

 3. 资本成本通常用绝对数表示。         （  ）

　4. 资本成本既包括资金时间价值,又包括投资风险价值。　　　　（　　）

　5. 资本成本是筹集资金阶段的资金耗费。　　　　　　　　　　（　　）

　6. 国有企业筹资方式主要有国家财政资金、银行信贷资金等。　（　　）

　7. 企业借新债还老债肯定是财务状况恶化了而采取的筹资措施。（　　）

　8. 企业筹资的目的是以较低的成本和风险,满足较高投资回报的投资项目的资金需求。　　　　　　　　　　　　　　　　　　　　　　　　　（　　）

　9. 间接筹资是指企业借助银行等金融机构进行的筹资活动。　（　　）

　10. 不同筹资渠道和筹资方式各有其特点和适用性,两者既有联系,又有区别。　　　　　　　　　　　　　　　　　　　　　　　　　　　　　　（　　）

**四、填空题**(共 5 题)

　1. 企业因调整＿＿＿＿＿＿而进行的筹资,即为调整性筹资。

　2. 边际资本成本是指增加一个单位筹资,资本成本的增加数额,是企业＿＿＿＿＿＿＿时所使用的加权平均资本成本。

　3. 向股东支付的股利、向债权人支付的利息被称作＿＿＿＿＿＿＿。

　4. 在选择资金来源、比较各种筹资方式时,通常使用＿＿＿＿＿＿＿比较决策。

　5. 在进行资本结构决策时,通常选择＿＿＿＿＿＿＿＿＿＿低的资本结构。

**五、名词解释题**(共 5 题)

　1. 资本成本

　2. 销售百分比法

　3. 筹资渠道

　4. 敏感资产

　5. 筹资费用

**六、简答题**(共 5 题)

　1. 资本成本对企业筹资决策的影响主要有哪些?

　2. 企业筹资的目的是什么?

　3. 企业筹资应遵循哪些原则?

　4. 影响企业资本成本的因素有哪些?

　5. 个别资本成本包括哪几项?

**七、计算题**(共 5 题)

　1. 某企业计划筹集资金 1 000 万元,所得税税率 25%。有关资料如下:(1) 向银行借款 200 万元,借款年利率 7%,手续费 2%;(2) 按溢价发行债券,债券面值 140 万元,溢价发行价格为 150 万元,票面利率 9%,期限为 3 年,每年支付利息,其筹资费率为 3%;(3) 按面值发行优先股 250 万元,年股利率为 12%,筹资费率为 4%;(4) 发行普通股 400 万元,每股发行价格 10 元,筹资费率为 6%,预计每年每股股利均为 1.2 元。

要求：

(1) 计算银行借款、债券、优先股和普通股的个别资本成本；

(2) 计算该企业的加权平均资本成本。

2. 假定某公司长期资产已充分利用，全部资产都与销售收入相关。2017 年有关的财务数据如表 3 - 1。

表 3 - 1　某公司 2017 年有关的财务数据　　　　　单位:万元

| 项目 | 金额 | 占销售额的百分比 |
| --- | --- | --- |
| 流动资产 | 2 400 | 48% |
| 长期资产 | 2 600 | 52% |
| 资产合计 | 5 000 | |
| 应付票据 | 600 | 12% |
| 应付账款 | 1 100 | 22% |
| 长期负债 | 1 500 | 无稳定关系 |
| 实收资本 | 1 000 | 无稳定关系 |
| 留存收益 | 800 | 无稳定关系 |
| 负债及所有者权益合计 | 5 000 | |
| 销售额 | 5 000 | 100% |
| 净利 | 300 | 6% |
| 现金股利 | 60 | |

要求:假设该公司实收资本一直保持不变,计算回答以下互不关联的两个问题：

(1) 2018 年计划销售收入为 6 000 万元,假定保持目前的股利支付率、销售净利率和资产周转率不变,需要补充多少外部融资？

(2) 如股利支付率为零,销售净利率提高到 8%,目标销售额为 6 500 万元,保持其他财务比率不变,需要筹集补充多少外部融资？

3. 某公司拟筹资 5 000 万元,其中按面值发行债券 2 000 万元,票面利率 10%,筹资费率 2%;按面值发行优先股 800 万元,股息率 12%,筹资费率 3%;发行普通股 2 200 万元,筹资费率 5%,目前每股价格 10 元,上期每股股利为 1.2 元,以后每年按 4% 递增,所得税率为 25%。试计算该企业的综合资本成本。

4. 某股份有限公司普通股现行市价为每股 25 元,现准备增发 5 000 万股,预计筹资费率为 5%,第一年的股利为每股 2.5 元,股利以后每年增长 5%。试计算该公司本次增发普通股的资本成本。

5. 某企业拟追加筹资 2 000 万元,其中发行债券 800 万元,筹资费率 3%,债券面值 700 万元,票面利率为 5%,2 年期,每年付息一次,到期还本,所得税率为 25%;优先股 100 万元,筹资费率为 3%,年股息率 6%;普通股 1 000 万元,筹资费率为 4%,第一年预期股利为 100 万元,以后每年增长 4%;其余所需资金通过留存收益取得。

要求:

(1) 计算债券、优先股、普通股、留存收益的成本;

(2) 计算该企业的综合资本成本。

## 八、综合分析题(共 2 题)

1. 某公司拟筹资 6 000 万元,其中按面值发行债券 2 000 万元,票面利率 8%,发行费率 2%;面值发行优先股 1 000 万元,股利率 10%,发行费率 3%;市价发行普通股 3 000 万元,发行费率 4%,预计第一年股利为 360 万元,以后每年增长 3%。该公司的所得税率 25%。假定该公司预计的资产收益率为 13%,问该公司的筹资方案是否可行?

2. 某企业由于增加新的项目,拟筹集新的资金,有关资料见下表 3 - 2。

表 3 - 2　资金种类、目标资本结构等

| 资金种类 | 目标资本结构 | 新筹资额 | 资本成本 |
|---|---|---|---|
| 长期借款 | 20% | 40 000 元以内<br>40 000 元以上 | 2%<br>4% |
| 长期债券 | 25% | 250 000 元以内<br>250 000 元以上 | 10%<br>12% |
| 普通股 | 55% | 330 000 元以内<br>330 000 元以上 | 15%<br>16% |

要求:

(1) 计算筹资总额分界点;

(2) 计算边际资本成本。

第四章

# 权益融资

 学习目标与要求

❶ 掌握企业权益融资的方式:吸收直接投资和发行股票融资。

❷ 掌握吸收直接投资的种类和出资形式,了解直接投资的程序。

❸ 掌握普通股涉及的几个基本问题:普通股股东的权利和义务,普通股股票的价值类型,普通股的分类。

❹ 一般了解普通股首次发行的资格和条件、程序、核准、股票销售和一级市场发行价格的确定等。

❺ 了解普通股增资发行的一些相关规定。

❻ 掌握优先股的特点、优先股的权利及优先股的分类。理解掌握认股权证和可转换债券的基本概念和特征。

❼ 学会比较分析不同权益融资的利弊。

 学习重点与难点

**学习重点**

❶ 普通股股东的权利和义务,普通股股票的价值,普通股股票一级市场发行价格的确定,普通股增发的价格确定;

❷ 优先股的特点和权利;

❸ 认股权证的含义和特征,认股权证的内在价值确定。

**学习难点**

❶ 认股权证对股票价格的稀释效应;

❷ 可转换债券的基本特征、设计与发行。

## ✐ 练习题

**一、单项选择题**(共 10 题,把正确的选项序号填入该题括号内)

1. 下列哪类企业通常采用吸收直接投资的方式筹集自有资本 （　　）
   A. 非股份制企业　　　　　　　B. 股份制企业
   C. 上市公司　　　　　　　　　D. 独资企业

2. 公司发行可转换债券,要求最近三个会计年度加权平均净资产收益率不低于 （　　）
   A. 3%　　　　　　　　　　　　B. 5%
   C. 6%　　　　　　　　　　　　D. 10%

3. 下列权利中,不属于普通股股东权利的是 （　　）
   A. 公司管理权　　　　　　　　B. 剩余财产优先要求权
   C. 优先认股权　　　　　　　　D. 监督决策权

4. 券商将发行人的部分股票自行购入,再向社会发售的承销方式,称之为
   （　　）
   A. 代销　　　　　　　　　　　B. 部分包销
   C. 余额包销　　　　　　　　　D. 定额包销

5. 股票一级市场定价通常按下列哪种方法定价 （　　）
   A. 重置成本法　　　　　　　　B. 账面价值法
   C. 市盈率法　　　　　　　　　D. 现值指数法

6. 有限责任公司全体股东的货币资金额不得低于公司注册资本的 （　　）
   A. 25%　　　　　　　　　　　B. 30%
   C. 50%　　　　　　　　　　　D. 40%

7. 根据法律规定,目前在我国设立的股份公司申请公开发行股票时,发起人认购的股本数额不少于公司拟发行的股本总数的 （　　）
   A. 20%　　　　　　　　　　　B. 30%
   C. 35%　　　　　　　　　　　D. 40%

8. 证券公司承诺在股票发行期结束时,将未售出的股票全部自行购入的包销,称之为 （　　）
   A. 部分包销　　　　　　　　　B. 代销
   C. 定额包销　　　　　　　　　D. 余额包销

9. 某公司发行期限为 5 年的可转换债券,面值 100 元,规定每张债券可转换 4 股该公司的普通股股票,可转换债券的转换价格为 （　　）

A. 40 元 　　　　　　　 B. 25 元

C. 20 元 　　　　　　　 D. 50 元

10. 为了避免金融市场利率下降时公司承担较高利率的风险,同时还迫使投资者行使其转换权,可转换债券规定了 　　　　　　　　　　　　（　　）

A. 转换期 　　　　　　　 B. 回售条款

C. 赎回条款 　　　　　　 D. 强制性转换条款

二、多项选择题(共 10 题,把正确的选项序号填入该题括号内)

1. 可转换债券转换比率主要受下列哪些因素影响 　　　　　　（　　）

A. 股票面值 　　　　　　 B. 市场价格

C. 债券面值 　　　　　　 D. 债券价格

E. 转换价格

2. 具有权益融资性质的筹资方式有 　　　　　　　　　　　（　　）

A. 发行认股权证 　　　　 B. 发行股票

C. 发行可转换债券 　　　 D. 融资租赁

E. 商业信用

3. 为促使可转换债券实现转换,可采取的措施包括 　　　　　（　　）

A. 保持股利支付率不变 　 B. 规定强制性转换条款

C. 降低股利支付率 　　　 D. 规定回售条款

E. 规定赎回条款

4. 普通股股东所拥有的权利包括 　　　　　　　　　　　　（　　）

A. 剩余收益请求权 　　　 B. 优先认股权

C. 监督决策权 　　　　　 D. 股票转让权

E. 优先分配剩余资产权

5. 吸收直接投资的优点有 　　　　　　　　　　　　　　　（　　）

A. 有利于增强企业信誉 　 B. 有利于降低财务风险

C. 资金成本较低 　　　　 D. 有利于尽快形成生产能力

E. 企业控制权不容易分散

6. 以下关于优先股的说法正确的有 　　　　　　　　　　　（　　）

A. 优先股是介于普通股和公司债之间的一种筹资工具

B. 优先股股东对公司的投资在公司注册成立后可以抽回

C. 在公司的股东大会上,优先股股东没有表决权

D. 只需要支付优先股固定的股利,因而融资成本较低

E. 优先股具有一定公司债的性质。

7. 吸收直接投资的出资形式有 　　　　　　　　　　　　　（　　）

　　A. 专利权投资　　　　　　　B. 建筑物投资

　　C. 货币资金投资　　　　　　D. 土地使用权投资

　　E. 原材料投资

8. 以下关于普通股的说法正确的有　　　　　　　　　　　　　（　　　）

　　A. 公开发行股票会产生大量的直接成本和隐性成本

　　B. 按股票购买和交易的币种不同,分为 H 股和 N 股

　　C. 我国股票可以发行有面值股票,也可以发行无面值股票

　　D. 普通股股东以所缴纳的资本额为限承担公司的亏损责任

　　E. 我国股票的发行价格可分为溢价和折价发行

9. 认股权证的价值受以下哪些因素影响　　　　　　　　　　　（　　　）

　　A. 认购股数　　　　　　　　B. 执行价格

　　C. 权证面值　　　　　　　　D. 距权证到期日的时间

　　E. 标的股票价格

10. 可转换债券的融资动机有　　　　　　　　　　　　　　　　（　　　）

　　A. 不稀释原有股东的控制权　　B. 票面利率低

　　C. 可转换为公司普通股　　　　D. 不用偿还本金

　　E. 不会增加公司的财务风险

**三、判断改错题**(共 10 题,在该题括号中,错的打"×"并改正,对的打"√")

1. 公司配股后,会迅速提高公司股票市价。　　　　　　　　　（　　　）

2. 欧式权证的持有人只有在约定的到期日才有权买卖标的证券。（　　　）

3. 我国有关法律规定,股票发行价格不得低于票面价值,即不能采用折价发行。

　　　　　　　　　　　　　　　　　　　　　　　　　　　　　（　　　）

4. 执行认股权证不会对股票的市场价格产生稀释作用。　　　　（　　　）

5. 股票的清算价值通常要高于其账面价值。　　　　　　　　　（　　　）

6. 当公司的发展前景被普遍看好时,有利于发行可转换债券。　（　　　）

7. 投资者购买可转换公司债券后就可以随时将可转换债券转换成股票。

　　　　　　　　　　　　　　　　　　　　　　　　　　　　　（　　　）

8. 距到期日的时间越长,认股权证的时间价值越低。　　　　　（　　　）

9. 股票采用包销发行,发行方风险小但费用高。　　　　　　　（　　　）

10. 认沽权证属于看跌期权。　　　　　　　　　　　　　　　　（　　　）

**四、填空题**(共 5 题)

1. 有限责任公司的全体股东货币资金的出资额不得低于注册资本的＿＿＿＿＿

＿＿＿＿。

2. 根据股票发行价格与其面值的关系,股票的发行价格可分为平价发行、市

价发行和_____。

3. 我国目前负责股票发行审核工作的机构是_____。

4. 普通股的增资发行是指已上市公司增发股票筹措权益资本的行为,又分为公开与定向募集和_____方式。

5. 认股权证的价值分为内在价值和_____两部分。

## 五、名词解释题(共 5 题)

1. 认股权证

2. 可转换债券

3. 股票包销

4. 认沽权证

5. 回售条款

## 六、简答题(共 5 题)

1. 普通股股东的基本权利有哪些?

2. 企业发行普通股筹资的优缺点有哪些?

3. 简述可转换债券筹资的优缺点。

4. 采用优先股筹资有哪些优缺点?

5. 认股权证的价值受哪些因素的影响?

## 七、计算题(共 5 题)

1. 已知某股票的市场价格 $P_0 = 45$ 元,针对该股票的认股权规定的认购价格 $K = 30$ 元,每份认股权证可认购的普通股股票数量 $q = 0.5$,求该认股权证的内在价值。

2. H 公司发行了年利率为 2% 的 400 000 元的可转换债券,利息每年支付一次,债券将在 5 年后到期。每一张可转换债券可以在规定的期限转换成 4 股该公司普通股股票。债券的票面价值是 100 元,假设债券的市价为 108 元,H 公司的普通股市价为 30 元。要求:计算该可转换债券的转换价格。

3. A 公司计划通过配股来筹措 4 500 万元资金,假定目前该公司发行在外的普通股为 1 000 万股,市场价格为每股 20 元,公司准备以每股 15 元的价格配售新股。问:

(1) 为筹措到所需的资金,公司需要配售多少股股票?

(2) 全部配售后的股票除权价格是多少?

4. 跃马公司准备通过配股方式发行普通股,已知配股前公司普通股数为 100 万股,公司按规定以每股 20 元的配股价配售 20 万股新股,除权后开盘公司股票的市场价为每股 25 元,问配股除权前一天公司的股价应该是多少?

5. 可转换公司债券的面值为 100 元,每张可转债转股价格为 20 元,行权期标的股票市场价格在 18 元左右,该债券转换成普通股的转换比例是多少? 可转换公司债券持有者是否会选择行权?

**八、综合分析题**(共 1 题)

已知某股票的市场价格 $P_0 = 50$ 元,针对该股票的认股权规定的认购价格 $K = 35$ 元,每份认股权证可认购的普通股股票数量 $q = 0.5$,假设公司发行在外的普通股股票数量为 4 000 万股,发行在外的认股权证数量 $M = 1\,000$ 万份,其他条件不变。

要求:

(1) 该认股权证的内在价值是多少?

(2) 执行认股权证后,稀释效应使公司股票价格下降了多少?

第五章

# 债务融资

 **学习目标与要求**

❶ 了解企业债务融资的必要性与分类。

❷ 明确短期债务融资按照来源和特点的不同,可以分为商业信用、短期借款和短期融资券等。

❸ 明确长期债务融资方式主要有长期借款、长期公司债券、融资租赁等。

❹ 熟悉不同的债务融资方式特点,以及不同的债务融资方式涉及的基本理论与方法。

❺ 学会具体选择应用各种债务融资方式。

 **学习重点与难点**

**学习重点**

❶ 负债的分类;

❷ 商业信用的含义与表现形式;

❸ 现金折扣及放弃现金折扣的成本计算;

❹ 短期融资券发行的条件和程序;

❺ 债券基本要素与发行价格的计算;

❻ 融资租赁的特点和租金的计算;

❼ 比较各种负债筹资方式的优缺点。

**学习难点**

❶ 短期融资券发行与上市交易;

❷ 公司债券定价理论与方法;

❸ 融资租赁理论与方法。

## ✎ 练习题

**一、单项选择题**(共 10 题,把正确的选项序号填入括号内)

1. 以下选项中不属于商业信用表现形式的是 　　　　　　　　(　　)
   A. 应付票据　　　　　　　　B. 应交税费
   C. 应付账款　　　　　　　　D. 预收账款

2. 如果现金折扣条件为"2/10,1/20,n/30",某公司放弃选择在第 11 天到第 20 天付款,则该公司放弃的现金折扣成本为 　　　　　　　(　　)
   A. 36.36%　　　　　　　　B. 36.73%
   C. 38.79%　　　　　　　　D. 39.18%

3. 某企业按照 10% 的年利率向银行贷款 1 000 万元,银行要求维持贷款限额 10%,则其实际利率为 　　　　　　　(　　)
   A. 9.09%　　　　　　　　B. 10%
   C. 11.11%　　　　　　　　D. 12%

4. 某企业借入年利率 8% 的贷款 50 000 元,分 12 个月等额偿还本息,则该借款实际利率为 　　　　　　　(　　)
   A. 8%　　　　　　　　B. 10%
   C. 14%　　　　　　　　D. 16%

5. 下列不属于长期借款优点的是 　　　　　　　(　　)
   A. 具有节税作用　　　　　　B. 借款弹性大
   C. 具有杠杆作用　　　　　　D. 限制条款少

6. 美国的标准普尔的信用等级评级中,BB 代表的等级是 　　　　(　　)
   A. 高级　　　　　　　　B. 中级
   C. 投机　　　　　　　　D. 拖欠

7. 有一种租赁方式涉及承租人、出租人和贷款机构,这种租赁形式是 (　　)
   A. 经营租赁　　　　　　　　B. 直接租赁
   C. 售后租赁　　　　　　　　D. 杠杆租赁

8. 判断融资形式中,融资租赁一般为租赁期超过租赁资产经济寿命的(　　)
   A. 65%　　　　　　　　B. 75%
   C. 85%　　　　　　　　D. 95%

9. 以下融资方式中,企业财务风险高,面临的偿债压力最大的是 　　(　　)
   A. 短期借款　　　　　　　　B. 长期借款
   C. 公司债券　　　　　　　　D. 融资租赁

10. 计算融资租赁租金构成时不需要考虑的因素是 （　）
    A. 设备的购置成本　　　　B. 租赁中维修费用
    C. 应计利息　　　　　　　D. 租赁手续费

二、多项选择题(共10题,把正确的选项序号填入该括号内)

1. 与自有资本相比,负债的特征为 （　）
   A. 将来支付的经济责任　　B. 可以确定和估计的金额
   C. 有确切的到期日　　　　D. 必须用现金偿付
   E. 未来发生的交易可能产生的债务

2. 短期债务融资按来源和特点不同可分为 （　）
   A. 短期借款　　　　　　　B. 短期融资券
   C. 应付账款　　　　　　　D. 预收账款
   E. 应付债券

3. 商业信用的主要表现形式有 （　）
   A. 信用借款　　　　　　　B. 应付账款
   C. 应付票据　　　　　　　D. 担保借款
   E. 预收账款

4. 短期借款的信用条件包括 （　）
   A. 信用额度　　　　　　　B. 信用风险
   C. 周转信贷协定　　　　　D. 补偿性余额
   E. 承诺费用

5. 长期借款的程序包括 （　）
   A. 提出借款申请　　　　　B. 银行审批
   C. 签订借款合同　　　　　D. 取得借款
   E. 归还借款

6. 与发行股票相比,债券筹资的优点有 （　）
   A. 资本成本较低　　　　　B. 限制条款较少
   C. 充分利用财务杠杆　　　D. 更具灵活性
   E. 保证原有股东的控制权

7. 影响债券发行价格的主要因素有 （　）
   A. 债券风险　　　　　　　B. 债券面额
   C. 债券期限　　　　　　　D. 票面利率
   E. 市场利率

8. 按出租资产的取得方式,融资租赁可分为 （　）
   A. 直接租赁　　　　　　　B. 间接租赁

　　C. 售后租赁　　　　　　　　　　D. 经营租赁

　　E. 杠杆租赁

9. 下面哪些不是经营租赁的特点　　　　　　　　　　　　　　（　　）

　　A. 租赁期限较长,一般在一年以上

　　B. 租赁期满后,租赁资产由出租人收回

　　C. 出租人负责资产的维修、保养等

　　D. 合同不能因一方提出要求而随意撤销

　　E. 与租赁资产所有权有关的风险和报酬归属于出租人

10. 融资租赁的优点有　　　　　　　　　　　　　　　　　　（　　）

　　A. 提高经营效率　　　　　　　　B. 降低经营风险

　　C. 降低财务风险　　　　　　　　D. 资本成本较低

　　E. 带来节税收益

**三、判断题**(共 10 题,在该题括号中打"×"或"√")

　　1. 负债是以往或目前已经完成的交易而形成的当前债务,凡不属于以往或目前已经完成的交易,而是将来发生的交易可能产生的债务,不能视为负债。(　　)

　　2. 商业信用形成的融资关系是在企业正常生产经营活动中产生的,只要交易对方允许延期付款,企业就可以获得相应的短期资金使用权利。　　　　（　　）

　　3. 贴现法借款是指在借款到期后向银行支付利息的计息方法。　　　（　　）

　　4. 我国短期融资券的发行人是在中华人民共和国境内依法设立的企业法人。

　　　　　　　　　　　　　　　　　　　　　　　　　　　　　　　（　　）

　　5. 与短期借款融资相比,长期借款筹资主要有融资速度快、筹资成本低、借款弹性大、限制性条款较少、具有杠杆作用等优点。　　　　　　　　（　　）

　　6. 附认股权债券票面利率通常高于一般公司债券票面利率。　　（　　）

　　7. 债券筹资可以保证公司原有股东对企业的控制权。　　　　　（　　）

　　8. 融资租赁的租赁资产的维修、保养和管理由出租人负责。　　（　　）

　　9. 杠杆租赁通常适用于投资数额较大、使用期限长的设备租赁。（　　）

　　10. 债券的信用等级直接影响着公司的举债成本,信用等级越高,公司的融资成本也就越低。　　　　　　　　　　　　　　　　　　　　　　　（　　）

**四、填空题**(共 5 题)

　　1. 从理财角度看,资本按来源和性质不同划分为＿＿＿＿＿＿＿和负债资本。

　　2. 无担保债券也称＿＿＿＿＿＿,是指发行方没有抵押品担保的债券。

　　3. 长期债务融资的主要方式有长期借款、长期债券、＿＿＿＿＿＿等。

　　4. 融资租赁形式可分为＿＿＿＿＿＿、售后租赁和杠杆租赁三种。

　　5. 在我国租赁实务中,融资租赁的租金一般采用平均分摊法和＿＿＿＿＿＿

来计算。

**五、名词解释题**(共 5 题)

1. 商业信用
2. 现金折扣
3. 长期借款
4. 售后租赁
5. 短期融资券

**六、简答题**(共 5 题)

1. 与自有资本相比较,负债具有什么特征?
2. 流动负债根据偿付金额是否可以确定,分为哪几种形式?
3. 商业信用的筹资的优缺点有哪些?
4. 简述短期融资券的发行程序。
5. 融资租赁的租金主要由哪些项目构成?

**七、计算题**(共 5 题)

1. 某企业按年利率 10% 向银行贷款 10 万元,银行要求维持贷款限额 15%,求实际利率。

2. 某企业从银行取得借款 100 万元,期限为 1 年,年名义利率为 6%,假定年贴现利率也为 6%,分别按收款法和贴现法计算该借款年实际利率。

3. 甲公司拟采购一批零件,其价格总额为 100 000 元,供应商提出如下的信用条件"2/10,n/30",即甲公司若能在 10 天之内付款则享受 2% 的现金折扣,该公司的信用期限为 30 天;假设企业资金不足可向银行借入短期借款,银行短期借款利率为 10%,每年按 360 天计算,公司不违背商业信用。计算分析甲公司放弃现金折扣的成本,并选择付款日期。

4. 某企业年初向租赁公司租赁一套设备,设备原价 800 万元,租赁期为 5 年,预计期末无残值,租期年复利率按 10% 计算,租赁手续费为设备原价的 6%,租金为每年年末支付一次,采用平均分摊法计算该设备每年支付的租金数额。

5. 某公司年初向某商业银行贷款 1 000 万元,该笔贷款利率为 10%,期限为 5 年。

(1) 若该贷款为到期一次还本付息,按复利法求企业到期偿付的本息总金额。

(2) 若该贷款为每年年末支付利息到期还本,按单利法求企业应偿付的本息总金额。

**八、综合分析题**(共 2 题)

1. 某公司采用融资性租赁方式于 2017 年 1 月 1 日从一家租赁公司租入一台设备,设备价款 260 万元,租期 6 年,到期后设备归租入企业所有,租赁期间年利率为 8％,年手续费为 2％,设备租入时就要付第 1 年租金。则公司每年应支付的租金额为多少? $(P/A,10\%,6)＝4.355$

2. 某公司发行票面价值 100 元,票面利率 9％,期限 8 年的债券,每年付息一次。分别求当市场利率为 9％、8％、10％时该债券的发行价格,通过计算分析什么情况下公司溢价发行债券,什么情况下公司折价发行债券,并说明溢折价发行的理由。

第六章

# 杠杆作用与资本结构

 **学习目标与要求**

❶ 正确理解经营杠杆作用及其存在的原因、财务杠杆作用及其存在的原因、联合杠杆作用及与经营杠杆和财务杠杆的关系。

❷ 熟练掌握经营杠杆系数、财务杠杆系数、联合杠杆系数的计算及其意义。

❸ 正确理解经营杠杆与经营风险的关系、财务杠杆与财务风险的关系及联合杠杆与企业总风险的关系。

❹ 熟悉资本结构及最优资本结构的概念,了解资本结构决策的影响因素,一般性了解资本结构净经营收入理论、净收入理论、传统理论、MM 理论、权衡理论、不对称信息理论。

❺ 熟练掌握资本结构决策方法中比较资本成本法和每股收益无差别点法,一般性了解比较公司价值法和比较杠杆比率法。

**学习重点与难点**

**学习重点**

❶ 经营杠杆、财务杠杆、联合杠杆的概念;

❷ 经营杠杆系数、财务杠杆系数、联合杠杆系数的计算;

❸ 资本结构及最优资本结构的概念;

❹ 资本结构决策方法中的比较资本成本法和每股收益无差别点法。

**学习难点**

❶ 资本结构净经营收入理论、净收入理论;

❷ 传统理论、MM 理论、权衡理论、不对称信息理论。

✐ **练习题**

**一、单项选择题**(共 10 题,把正确的选项序号填入该题括号内)

1. 企业在一定时期的最佳资本结构是指　　　　　　　　　　(　　)
   A. 盈利能力最强　　　　　　　B. 个别资本成本最低
   C. 资金周转速度最快　　　　　D. 企业价值最大

2. 企业可以采用负债经营,提高自有资本收益率的前提条件是　(　　)
   A. 期望投资收益率大于利息率　B. 期望投资收益率小于利息率
   C. 期望投资收益率等于利息率　D. 期望投资收益率不确定

3. 某公司年营业收入为 500 万元,变动成本率为 40%,原经营杠杆系数为 1.5,财务杠杆系数为 2。如果固定成本增加 50 万元,变动后的总杠杆系数为　(　　)
   A. 2.4　　　　　B. 3　　　　　C. 6　　　　　D. 8

4. 某公司的经营杠杆系数为 1.8,财务杠杆系数为 1.5,则该公司销售额每增长 1 倍,就会造成每股收益增加　　　　　　　　　　　　　(　　)
   A. 1.2 倍　　　B. 1.5 倍　　　C. 0.3 倍　　　D. 2.7 倍

5. 如果经营杠杆系数为 2,综合杠杆系数为 3,息税前利润变动率为 20%,则普通股每股收益变动率为　　　　　　　　　　　　　　　(　　)
   A. 26.67%　　　B. 15%　　　　C. 30%　　　　D. 40%

6. 用来衡量销售量变动对每股收益变动的影响程度的指标是指　(　　)
   A. 经营杠杆系数　　　　　　　B. 财务杠杆系数
   C. 综合杠杆系数　　　　　　　D. 筹资杠杆系数

7. 经营杠杆产生的原因是企业存在　　　　　　　　　　　　(　　)
   A. 固定经营成本　　　　　　　B. 固定财务费用
   C. 变动经营成本　　　　　　　D. 变动财务费用

8. 如果企业存在固定成本,在单价、单位变动成本、固定成本不变,只有销售量变动的情况下,则　　　　　　　　　　　　　　　　(　　)
   A. 息税前利润变动率一定大于销售量变动率
   B. 息税前利润变动率一定小于销售量变动率
   C. 边际贡献变动率一定大于销售量变动率
   D. 边际贡献变动率一定小于销售量变动率

9. 与经营杠杆系数同方向变化的是　　　　　　　　　　　　(　　)
   A. 产品价格　　　　　　　　　B. 单位变动成本
   C. 销售数量　　　　　　　　　D. 企业的利息费

10. 考虑了企业的财务危机成本和代理成本的资本结构模型是　　　（　　）

A. MM 模型 　　　　　　　　　　B. CPAM 模型

C. 权衡模型 　　　　　　　　　　D. 不对称信息模型

**二、多项选择题**(共 10 题,把正确的选项序号填入该题括号内)

1. 总杠杆的作用在于　　　　　　　　　　　　　　　　　　　　（　　）

A. 用来估计销售变动对息税前盈余的影响

B. 用来估计销售变动对每股盈余的影响

C. 揭示经营杠杆与财务杠杆之间的关系

D. 揭示企业面临的财务风险

E. 说明企业财务状况

2. 在固定成本不变下,下列关于经营杠杆系数表述正确的是　　　（　　）

A. 该系数说明了销售额变动所引起息税前利润变动的幅度

B. 销售额越大,经营杠杆系数越大

C. 当销售额达到盈亏临界点时,该系数趋于无穷大

D. 增加销售额,改变产品单位变动成本,能使经营风险降低

E. 以上都正确

3. 下列说法中,正确的有　　　　　　　　　　　　　　　　　（　　）

A. 经营杠杆系数说明销售额变动所引起的息税前利润变动幅度

B. 当销售额达到盈亏临界点时,经营杠杆系数趋于无穷大

C. 财务杠杆表明债务对每股收益的影响

D. 财务杠杆系数表明息税前利润增长所引起的利润增长幅度

E. 经营杠杆程度较高的公司,其财务杠杆程度较低

4. 企业降低经营风险的途径一般有　　　　　　　　　　　　　（　　）

A. 增加销售量　　　　B. 增加自有资本　　　　C. 降低变动成本

D. 增加固定成本比例　　　E. 提高产品售价

5. 融资决策中的总杠杆具有如下哪些性质　　　　　　　　　　（　　）

A. 总杠杆能够起到财务杠杆和经营杠杆的综合作用

B. 总杠杆能够表达企业边际贡献与税前盈余的比率

C. 总杠杆能够估计出销售额变动对每股收益的影响

D. 总杠杆系数越大,企业经营风险越大

E. 总杠杆系数越大,企业财务风险越大

6. 如果不考虑优先股,融资决策中综合杠杆系数的性质有　　　（　　）

A. 综合杠杆系数越大,企业的经营风险越大

B. 综合杠杆系数越大,企业的财务风险越大

  C. 综合杠杆系数能够起到财务杠杆和经营杠杆的综合作用

  D. 综合杠杆系数能够表达企业边际贡献与税前利润之比率

  E. 综合杠杆系数能够估计出销售额变动对每股收益的影响

 7. 资本结构决策的方法主要有             （　　）

  A. 资本成本分析法      B. 净利润分析法

  C. 每股收益分析法      D. 每股收益无差别点分析法

  E. 企业总价值分析法

 8. 杠杆分析包括                 （　　）

  A. 经营杠杆分析       B. 财务杠杆分析

  C. 综合杠杆分析       D. 经济杠杆分析

  E. 产品标杆分析

 9. 产生财务杠杆是由于企业存在           （　　）

  A. 财务费用         B. 优先股股利

  C. 普通股股利        D. 债务利息

  E. 股票股利

 10. 公司资本结构最佳时,应该           （　　）

  A. 资本成本最低       B. 财务风险最小

  C. 营业杠杆系数最大     D. 债务资本最多

  E. 公司价值最大

**三、判断改错题**(共 10 题,在该题括号中,错的打"×"并改正,对的打"√")

 1. 其他因素不变,固定成本越小,经营杠杆系数就越小,而经营风险则越大。

                       （　　）

 2. 如果企业负债筹资为零,则财务杠杆系数为 1。     （　　）

 3. 当企业获利水平为负数时,经营杠杆系数将小于零。   （　　）

 4. 由于财务杠杆的作用,当息税前利润下降时,普通股每股收益会下降更快。

                       （　　）

 5. 经营杠杆并不是经营风险的来源,而只是放大了经营风险。 （　　）

 6. 经营杠杆可以用边际贡献除以息税前利润来计算,它说明了销售额变动引起利润变动的幅度。              （　　）

 7. 财务风险之所以存在,只是因为企业经营中有负债形成。 （　　）

 8. 企业的产品售价和固定成本同时发生变化,经营杠杆系数有可能不变。

                       （　　）

 9. 财务危机成本大小与债务比率同方向变化。     （　　）

 10. 无论是经营杠杆系数变大,还是财务杠杆系数变大,都可能导致企业的总

杠杆系数变大。　　　　　　　　　　　　　　　　　　　　　　　（　　）

**四、填空题**（共 5 题）

1. 经营杠杆作用程度可以通过＿＿＿＿＿＿指标衡量。

2. 财务杠杆作用程度可以通过＿＿＿＿＿＿指标衡量。

3. 联合杠杆作用程度可以通过＿＿＿＿＿＿指标衡量。

4. 在实务中,资本结构有广义和狭义之分。广义的资本结构是指企业＿＿＿＿＿＿的构成,狭义的资本结构是指企业的＿＿＿＿＿＿构成。

5. 最佳资本结构是指＿＿＿＿＿＿达到最大,同时＿＿＿＿＿＿达到最小。

**五、名词解释题**（共 5 题）

1. 经营杠杆

2. 财务杠杆

3. 联合杠杆

4. 资本结构

5. 最佳资本结构

**六、简答题**（共 5 题）

1. 经营杠杆与经营风险的关系

2. 财务杠杆与财务风险的关系

3. 资本结构决策的意义

4. 简述 MM 理论

5. 资本结构决策的基本方法

**七、计算题**（共 10 题）

1. ABC 公司资本总额为 250 万元,负债比率为 45%,其利率为 14%。该企业销售额为 320 万元,固定成本 48 万元,变动成本率为 60%。试计算经营杠杆系数、财务杠杆系数和联合杠杆系数。

2. 某公司本年度销售收入为 1 000 万元,边际贡献率为 40%,固定成本总额为 200 万元,若预计下年销售收入增长为 20%,请计算企业经营杠杆系数和下年息税前利润。

3. 某公司本年销售产品 10 万件,单价 50 元,单位变动成本 30 元,固定成本总额 100 万元。公司负债 60 万元,年利息率为 12%,并须每年支付优先股股利 10 万元,所得税率 25%。

要求：

(1) 计算本年边际贡献;

(2) 计算本年息税前利润;

(3) 计算该公司联合杠杆系数。

4. 某企业去年销售额为 500 万元,息税前利润率(息税前利润占销售额百分比)为 10%,借款总额 200 万元,平均借款利率为 5%,该企业联合杠杆系数为2.5。试问:今年在销售增长 10% 的情况下,企业的息税前利润能达到多少?

5. 宏达公司某年销售额为 100 万元,税后净利为 10 万元。若财务杠杆系数为 1.6,固定成本为 24 万元,所得税税率为 20%,公司预期明年销售额为 120 万元。试计算每股收益会增加的幅度。

6. 某公司本年资本总额为 1 000 万元,其中长期债务资本 400 万元,长期债务年利率 10%,普通股资本 600 万元(24 万股)。现因扩大生产规模,需追加筹资 200 万元,筹资方案有两种选择:(1) 发行债券,年利率 12%;(2) 增发普通股 8 万股。预计下年息税前利润为 200 万元,假设公司所得税率 25%。请用 EBIT-EPS 分析法(每股收益无差别点法)作出选择,并说明理由。

7. 某公司目前发行在外普通股 100 万元(每股面值 1 元),已发行 10% 利率的债券 400 万元,该公司打算为一个新的投资项目融资 500 万元,新项目投产后公司每年息税前利润预计增加到 200 万元。现有两个方案可供选择:

(1) 按 12% 的利率发行债券;

(2) 按每股 20 元发行新股,公司适用所得税率 25%。

要求:

(1) 计算两个方案的每股净收益;

(2) 计算两个方案的每股收益无差别点的息税前利润;

(3) 计算两个方案的财务杠杆系数;

(4) 判断哪个方案更好。

8. 某公司目前发行在外的普通股 200 万股(每股面值 1 元),已发行的债券 800 万元,票面年利率为 10%。该公司拟为新项目筹资 1 000 万元,新项目投产后,公司每年息税前利润将增加到 400 万元。

现有两个方案可供选择:(1) 按 12% 的年利率发行债券;(2) 按每股 10 元发行普通股。假设公司适用的所得税税率为 25%。

要求:

(1) 计算新项目投产后两个方案的每股收益;

(2) 计算两个方案每股收益无差别点的息税前利润,并分析选择筹资方案。

9. 某公司本年年资产总额 1 000 万元,资产负债率 40%,债务平均利息率 5%,销售收入 1 000 万元,变动成本率 30%,固定成本 200 万元。预计下年销售收入提高 50%,其他条件不变。

要求:

(1) 计算本年的经营杠杆系数、财务杠杆系数和联合杠杆系数;

（2）预计下年每股收益增长率。

10. 某公司欲筹集资金 400 万元，可采取增发普通股或长期借款的筹集方式。若增发普通股，则计划以每股 10 元的价格增发 40 万股；若长期借款，则以 10% 的年利率借入 400 万元。已知该公司资产总额为 20 000 万元，长期负债比率为 20%，年利率 8%，普通股 2 000 万股。假定增资后预计息税前利润为 3 000 万元，所得税率 25%，试用每股收益无差别点分析法确定筹资方式。

**八、综合分析题**（共 2 题）

1. 某企业只生产和销售 A 产品，其总成本习性模型为 $y = 10\,000 + 3x$。假定该企业本年度 A 产品销售量为 10 000 件，每件售价为 5 元，按市场预测下年 A 产品的销售量将增长 10%。

要求：

（1）计算本年该企业的边际贡献总额。

（2）计算本年该企业的息税前利润总额。

（3）计算销售量为 10 000 件时的经营杠杆系数。

（4）计算下年该企业的息税前利润增长率。

（5）假定该企业本年发生负债利息 5 000 元，且无优先股股息，计算联合杠杆系数。

2. 天亿公司有关资料如下：

（1）现全部资本均为股票资本，账面价值为 1 000 万元，该公司认为目前资本结构不合理，打算举债购回部分股票予以调整。

（2）公司预计年息税前利润为 300 万元，所得税率假定为 40%。

（3）经测算，目前的债务利率和股票成本见表 6-1。

表 6-1 债务利率和股票成本等资料

| $B$（万元） | $K_b$（%） | $\beta$ | $R_f$（%） | $R_m$（%） | $K_c$（%） |
|---|---|---|---|---|---|
| 0 | — | 1.2 | 10 | 15 | 16 |
| 100 | 8 | 1.4 | 10 | 15 | 17 |
| 200 | 10 | 1.6 | 10 | 15 | 18 |
| 300 | 12 | 1.8 | 10 | 15 | 19 |
| 400 | 14 | 2 | 10 | 15 | 20 |
| 500 | 16 | 2.2 | 10 | 15 | 21 |

要求：试测算不同债务规模下的公司价值，据以判断公司最佳资本结构。

## 第七章

# 投资决策概论

 **学习目标与要求**

❶ 理解企业投资的分类与投资应坚持的基本原则。

❷ 熟悉影响企业投资的环境要素及其评价方法。

❸ 掌握企业组合投资决策：资产组合投资决策、资本组合投资决策和资产与资本适应性组合决策。

❹ 认识企业投资是为获得未来预期收益，投入一定量财力、物力的经济行为，从组合投资的角度掌握多角投资组合决策特征。

 **学习重点与难点**

**学习重点**

❶ 企业投资的分类；

❷ 企业投资应遵循的原则；

❸ 企业投资环境要素；

❹ 企业投资环境评价分析方法；

❺ 资产组合投资决策，资本组合投资决策，及资产与资本适应性组合决策。

**学习难点**

❶ 多角组合特点；

❷ 有效多角投资组合分析。

 **练习题**

**一、单项选择题**（共 10 题，把正确的选项序号填入该题括号）

　　1. 符合长期投资特征的有　　　　　　　　　　　　　　　　（　　）

　　　　A. 投资金额小　　　　　　　　B. 回收期短

　　　　C. 投资风险小　　　　　　　　D. 投资报酬率高

2. 企业非流动资产主要包括　　　　　　　　　　　　　　　（　　）

    A. 存货　　　　　　　　　　　　B. 交易性金融资产

    C. 长期待摊费用　　　　　　　　D. 债权资产

3. 投资环境的软环境指　　　　　　　　　　　　　　　　　（　　）

    A. 政治法律　　　　　　　　　　B. 自然地理

    C. 交通运输　　　　　　　　　　D. 邮电通讯

4. 两种证券的相关系数为以下哪项值,表明两者是正相关关系　（　　）

    A. $-1$　　　　　　　　　　　　B. 0

    C. 1　　　　　　　　　　　　　　D. 0.8

5. 所有公司都会遇到的,投资者无法通过组合来分散的风险是　（　　）

    A. 可分散风险　　　　　　　　　B. 长期风险

    C. 短期风险　　　　　　　　　　D. 系统风险

6. 按以下哪项分类,可分为对内投资和对外投资　　　　　　（　　）

    A. 经营关系　　　　　　　　　　B. 投资时间

    C. 投资方向　　　　　　　　　　D. 投资内容

7. 企业投资应尽可能规避风险,防止风险带来的风险,以保证投入资产安全
完整为前提,符合以下哪项投资原则　　　　　　　　　　　　（　　）

    A. 安全性原则　　　　　　　　　B. 长远利益原则

    C. 谨慎性原则　　　　　　　　　D. 完整性原则

8. 根据经验主观判断分析评价企业投资环境的要素的方法为　（　　）

    A. 定量分析法　　　　　　　　　B. 定性分析法

    C. 经验判断法　　　　　　　　　D. 定性与定量结合法

9. 企业投资应选择的投资组合应在"有效界线"　　　　　　　（　　）

    A. 之外　　　　　　　　　　　　B. 之内

    C. 之上　　　　　　　　　　　　D. 之下

10. 风险一定的情况下,股票值得投资的市场收益率应为　　　（　　）

    A. 高　　　　　　　　　　　　　B. 低

    C. 0　　　　　　　　　　　　　　D. 1

**二、多项选择题**(共 10 题,把正确的选项序号填入该题括号)

1. 直接投资可以通过以下哪些形式进行　　　　　　　　　　（　　）

    A. 货币资产　　　　　　　　　　B. 实物资产

    C. 购买股票　　　　　　　　　　D. 证券资金

    E. 无形资产

2. 投资一般可以分为　　　　　　　　　　　　　　　　　　（　　）

    A. 直接投资　　　　　　　　B. 长期投资

    C. 短期投资　　　　　　　　D. 间接投资

    E. 安全投资

3. 企业投资的宏观环境可以分为　　　　　　　　　　　（　　）

    A. 内部制度　　　　　　　　B. 政治法律

    C. 文化习俗　　　　　　　　D. 区域环境

    E. 公司治理结构

4. 长期投资具有的特点是　　　　　　　　　　　　　　（　　）

    A. 投资金额小　　　　　　　B. 回收期长

    C. 投资风险大　　　　　　　D. 投资报酬率低

    E. 投资报酬率高

5. 对外投资包括　　　　　　　　　　　　　　　　　　（　　）

    A. 购置债券　　　　　　　　B. 购置固定资产

    C. 控股　　　　　　　　　　D. 合资投资

    E. 购买存货

6. 资产按流动性划分，可以分为　　　　　　　　　　　（　　）

    A. 流动资产　　　　　　　　B. 固定资产

    C. 非流动资产　　　　　　　D. 无形资产

    E. 有形资产

7. 资产与资本适应性组合决策易出现的极端包括　　　　（　　）

    A. 组合型　　　　　　　　　B. 适应型

    C. 保守型　　　　　　　　　D. 平衡型

    E. 激进型

8. 投资组合风险包括　　　　　　　　　　　　　　　　（　　）

    A. 可分散风险　　　　　　　B. 不可分散风险

    C. 有利风险　　　　　　　　D. 不利风险

    E. 外部风险

9. 两种组合证券的相关系数可能为　　　　　　　　　　（　　）

    A. 1　　　　　　　　　　　B. 100

    C. 0　　　　　　　　　　　D. $-1$

    E. 0.6

10. 企业投资应选择以下哪些组合　　　　　　　　　　　（　　）

    A. 收益率相同，风险低　　　B. 风险高，收益率高

    C. 风险低，收益率高　　　　D. 风险高，收益率小

E. 风险相同,收益率高

三、判断改错题(共10题,在该题括号中,错的打"×"并改正,对的打"√")

1. 按照投资于企业生产经营的关系,可分为短期投资和长期投资。 （　　）

2. 对外投资是指企业购买金融资产或独资、控股与合资投资等。 （　　）

3. 企业应选择高风险、高报酬的投资机会。 （　　）

4. 当企业效益和社会效益发生冲突时,应以服从增加社会效益为主。 （　　）

5. 投资环境评价分析方法包括定量分析法和定性分析法两种。 （　　）

6. 资产按照形态可以划分为流动资产和非流动资产。 （　　）

7. 企业负债应越多越好,这样可以降低资本使用成本。 （　　）

8. 有效投资组合可以规避所有的投资风险。 （　　）

9. 两种证券组合为完全负相关时,特定风险完全抵消。 （　　）

10. 预期风险相同的情况下,应选择收益率高的投资组合。 （　　）

四、填空题(共5题)

1. _____可以只通过对控股企业的投资,间接对旗下控制的企业投资;也可以通过资本市场购买金融资产间接投资受资企业。

2. 短期投资具有投资金额小、投资回收期短和_____的特点。

3. 投资应坚持符合_____、长远利益原则和安全性原则。

4. 企业资本组合涉及企业_____和自有资本结构。

5. 描述有效投资组合的股票市场收益率和风险之间关系的曲线称为_____。

五、名词解释题(共5题)

1. 短期投资

2. 直接投资

3. 对内投资

4. 资本组合

5. 不可分散性风险

六、简答题(共5题)

1. 简述投资的分类。

2. 投资环境按属性如何分类?

3. 简述用定量和定性结合分析法分析投资环境要素的步骤。

4. 简述保守型和激进型的资产与资本适应结构。

5. 简述有效多角组合的步骤。

第八章

# 固定资产与无形资产投资决策

## 学习目标与要求

❶ 了解固定资产日常控制和无形资产投资管理决策。

❷ 掌握投资项目现金流量的含义、分类与组成内容、预测方法与相关现金流量的确定,这是投资项目评价的基础。

❸ 掌握不同的投资项目评价方法,如投资回收期、投资回报率、净现值、现值指数和内含报酬率等。

❹ 熟悉各种评价指标的计算方法、决策标准及其优缺点,并能比较各评价指标在固定资产使用寿命相等与不相等的更新决策、相互排斥项目的投资决策、初始投资额不等的投资决策等实际运用中的差异。

❺ 理解投资决策中的风险问题和调整风险的基本方法,如期望值决策法、风险调整折现率法、风险调整现金流量法等,了解这些方法的基本思路、计算公式与优缺点。

## 学习重点与难点

**学习重点**

❶ 现金流量的含义、分类与组成内容,现金流量在投资经营全过程中的预测;

❷ 投资项目评价指标的计算、决策标准及其优缺点。

**学习难点**

❶ 比较各评价指标在固定资产更新决策、相互排斥项目的投资决策、初始投资额不等的投资决策等实际运用中的差异;

❷ 投资决策中调整风险的基本方法。

## 练习题

**一、单项选择题**(共 10 题,把正确的选项序号填入该题括号)

43

1. 年末某公司拟处置一台闲置设备。该设备于 4 年前以 50 000 元购入,已计提折旧 36 000 元,目前可按 11 000 元卖出。假设公司所得税率 25%,卖出该设备对本期现金净流量的影响是　　　　　　　　　　　　　　（　　）

　　A. 减少 750 元　　　　　　　　　B. 减少 3 000 元

　　C. 增加 11 750 元　　　　　　　　D. 增加 10 250 元

2. 某投资项目原始投资额为 50 万元,使用寿命 8 年,期满有残值 4 万元,采用直线法计提折旧。已知该项目第 8 年的营业现金流量为 8 万元,回收营运资金 5 万元,则该投资项目第 8 年的净现金流量为　　　　　　　　　（　　）

　　A. 17 万元　　　　　　　　　　　B. 13 万元

　　C. 12 万元　　　　　　　　　　　D. 13.75 万元

3. 某公司购入一批价值 30 万元的材料用于新产品试制,因性能不能达到要求无法投入使用;又购买新型材料 40 万元,但因无配套工具仍无法使用。如果从市场上采购零部件由自己加工,估计需再花费 20 万元,应当能完全符合新产品生产要求,那么评价此新产品项目的现金流出量为　　　　　　　（　　）

　　A. 20 万元　　　　　　　　　　　B. 30 万元

　　C. 40 万元　　　　　　　　　　　D. 90 万元

4. 下列项目对内含报酬率计算没有影响的是　　　　　　　　　（　　）

　　A. 原始投资现值　　　　　　　　B. 各年等额的营业额

　　C. 固定资产残值　　　　　　　　D. 固定资产折旧方法

5. 某方案的静态投资回收期是指　　　　　　　　　　　　　　（　　）

　　A. 净现值为 0 的年限　　　　　　B. 现值指数为 1 的年限

　　C. 净现金流量为 0 的年限　　　　D. 累计净现金流量为 0 的年限

6. 采用净现值法评价投资项目可行性时,不能采用的折现率是　　（　　）

　　A. 投资项目的资本成本　　　　　B. 投资项目的内含报酬率

　　C. 投资人要求的最低报酬率　　　D. 投资的机会成本率

7. 若净现值小于 0,表明该投资项目　　　　　　　　　　　　　（　　）

　　A. 投资报酬率没有达到预定的贴现率,不可行

　　B. 各年利润小于 0,不可行

　　C. 投资报酬率小于 0,不可行

　　D. 投资报酬率大于 0,不可行

8. 运用肯定当量法进行投资项目的风险分析,需要调整的项目是（　　）

　　A. 无风险的现金流量　　　　　　B. 有风险的现金流量

　　C. 无风险的贴现率　　　　　　　D. 有风险的贴现率

9. 某企业拟进行一项固定资产投资项目决策,设定折现率为 8%,有甲、乙、

44

丙、丁四个方案可供选择。其中甲方案的项目计算期为 8 年,净现值为 600 万元;乙方案的现值指数 0.75;丙方案的项目计算期为 9 年,其年均净回收额为 110 万元;丁方案的内含报酬率为 7%。最佳投资方案是　　　　　　　　　　　（　　）

    A. 甲方案　　　　　　　　　　B. 乙方案

    C. 丙方案　　　　　　　　　　D. 丁方案

10. A、B 两个投资方案的项目计算期不同,且只有现金流出而没有现金流入,评价 A、B 两个方案的优劣宜采用的方法是　　　　　　　　　　（　　）

    A. 比较两方案的净现值　　　　B. 比较两方案的内含报酬率

    C. 比较两方案的现值指数　　　D. 比较两方案的年均流出现值

**二、多项选择题**(共 10 题,把正确的选项序号填入该题括号)

1. 评价一个投资方案的可行性须满足下列哪些条件　　　　　　　　（　　）

    A. 净现值大于 0

    B. 现值指数大于 1

    C. 内含报酬率较高

    D. 回收期小于行业或其他类似项目基准回收期

    E. 回收期小于 1

2. 投资项目营业现金流量的计算可采用下列哪些方法　　　　　　　（　　）

    A. 营业现金流量＝营业收入－营业成本－所得税

    B. 营业现金流量＝收入×(1－税率)－成本×(1－税率)

    C. 营业现金流量＝税后收入－税后成本＋折旧引起的税负减少

    D. 营业现金流量＝净利润＋折旧

    E. 营业现金流量＝净利润＋折旧引起的税负减少

3. 下列有关投资项目评价方法的表述中正确的有　　　　　　　　　（　　）

    A. 净现值、获利指数、内含报酬率的计算均受设定折现率的影响

    B. 净现值衡量投资的效益,获利指数与内含报酬率衡量投资的效率

    C. 净现值、获利指数、内含报酬率均反映项目投资方案的本身报酬率

    D. 若净现值<0,则获利指数<1,内含报酬率>资本成本

    E. 若净现值>0,则获利指数>1,内含报酬率>资本成本

4. 下列有关肯定当量法的表述中正确的有　　　　　　　　　　　　（　　）

    A. 肯定当量法可以消除投资决策的风险

    B. 肯定当量法不会夸大远期风险

    C. 肯定当量法可以与净现值结合使用

    D. 肯定当量法能比较容易地确定当量系数

    E. 风险程度越大,当量系数越大

5. 下列有关风险调整折现率法的表述中正确的有 　　　　　　　　　( 　 )

    A. 风险调整折现率法把时间价值与风险价值混在一起,夸大了远期风险

    B. 风险调整折现率法人为假定风险一年比一年小

    C. 可以采用资本资产定价模型与风险等级评分确定风险调整折现率

    D. 风险调整折现率法的基本思路是对于高风险项目采用较低的折现率计算净现值,然后根据净现值法的规则来选择方案

    E. 风险调整折现率法使用很困难

6. 下列有关期望值决策法的表述中正确的有 　　　　　　　　　　( 　 )

    A. 计算净现值选用的折现率通常用考虑风险的折现率表示

    B. 计算净现值选用的折现率通常用无风险报酬率表示

    C. 概率需要经常调整

    D. 需运用概率分析法确定投资项目现金流量的期望值和标准差

    E. 夸大了远期风险

7. 对于同一个投资方案来讲,下列表述正确的有 　　　　　　　　( 　 )

    A. 资本成本越高,净现值越小

    B. 资本成本越高,净现值越大

    C. 现值指数大于 1 时,净现值不一定大于 0

    D. 资本成本大于内含报酬率时,净现值为正数

    E. 资本成本等于内含报酬率时,净现值为 0

8. 评价投资方案的静态投资回收期指标的主要缺点有 　　　　　　( 　 )

    A. 没有考虑货币时间价值　　　　　B. 计算复杂

    C. 不可能衡量企业的投资风险　　　D. 没有考虑回收期满后的现金流量

    E. 不能衡量投资方案投资报酬率的高低

9. 净现值法的不足之处在于 　　　　　　　　　　　　　　　　　( 　 )

    A. 没有反映投资方案本身的实际报酬率

    B. 净现金流量和折现率的确定有一定难度

    C. 不能衡量投资的风险性

    D. 没有考虑回收期满后的现金流量

    E. 无法确定互斥投资方案的优先次序

10. 在计算一个投资项目的净现值时,下列哪些现金流量应作为该项目的相关现金流量 　　　　　　　　　　　　　　　　　　　　　　　　　( 　 )

    A. 项目事前的市场调研费用和聘请专家咨询费用

    B. 设备在项目寿命期末的残值

    C. 公司同类产品收益额的减少

D. 过去 3 年内有关产品的研发支出

E. 拟用借债方式为该项目筹资,新债务的年利息支出

**三、判断改错题**(共 10 题,在该题括号中,错的打"✕"并改正,对的打"✓")

1. 一般情况下,使某投资方案的净现值大于 0 的贴现率,一定大于该投资方案的内含报酬率。　　　　　　　　　　　　　　　　　　　　　( 　 )

2. 若某报废设备计算的预计净残值为 20 000 元,按税法规定计算的净残值为 16 000 元,所得税率为 25%,则该报废设备引起的现金流量为 19 000 元。( 　 )

3. 现值指数法与内含报酬率法虽都是根据相对比率来评价投资方案,但两种方法的评价结论基本相同。　　　　　　　　　　　　　　　　　( 　 )

4. 投资项目采用加速折旧法计提折旧,计算出来的税后净现值比采用直线法小。　　　　　　　　　　　　　　　　　　　　　　　　　　( 　 )

5. 内含报酬率小于行业基准收益率,说明以行业基准收益率折现的投资未收回。　　　　　　　　　　　　　　　　　　　　　　　　　　( 　 )

6. 当折现率为 8% 时,某项目的净现值为 -200 元,则说明该项目的内含报酬率大于 8%。　　　　　　　　　　　　　　　　　　　　　　( 　 )

7. 肯定当量法下的肯定当量系数与时间长短无关。　　　　　　( 　 )

8. 若某一方案的净现值小于 0,则该方案的内含报酬率也小于 0。( 　 )

9. 年均净回收额法可用于项目计算期不相同的多个互斥方案比较决策。

　　　　　　　　　　　　　　　　　　　　　　　　　　　　( 　 )

10. 净现值等于 0 表明项目产生的现金流量刚好回收了原始投资,因而项目是无任何回报的。　　　　　　　　　　　　　　　　　　　　( 　 )

**四、填空题**(共 5 题)

1. 现金流量可按现金流动的方向划分为_____与_____。

2. 现金流量按投资经营全过程分为购建期现金流量、_____、_____。

3. 投资回报率是指由于投资引起的年均现金净流量与_____的比率。

4. 在投资项目的评价指标中,指标值越小越好的是_____。

5. 在无资本限量决策的情况下,利用_____指标在所有的投资项目评价中都能作出正确的决策。

**五、名词解释题**(共 5 题)

1. 肯定当量法

2. 风险调整折现率法

3. 期望值决策法

4. 投资回收期

5. 内部收益率

## 六、简答题(共 5 题)

1. 为什么要选择现金流量指标作为固定资产投资决策指标的基础?

2. 提高固定资产利用效果的途径有哪些?

3. 从整个固定资产投资项目寿命期来看,投资项目的全部现金流量有哪几个组成部分? 各部分包括哪些内容?

4. 试比较净现值、现值指数和内含报酬率的异同。

5. 风险调整折现率法与风险调整现金流量法对净现值产生什么影响? 这两种方法有何优缺点?

## 七、计算题(共 10 题)

1. 某公司投资一新项目,现有甲、乙两个方案可供选择:甲方案需投资 54 000元,使用寿命为 4 年,期满无残值,采用直线法计提折旧,每年营业收入 40 000 元,每年付现成本 20 000 元;乙方案需投资 80 000 元(含垫付的营运资金 16 000 元),使用寿命 4 年,期满有残值 4 000 元,采用直线法计提折旧,每年营业收入 35 000元,付现成本第 1 年为 10 000 元,以后项目维护费逐年增加 500 元,营运资金在项目终结时收回。该公司所得税率 25%,资本成本 8%。

要求:

(1) 计算各方案的每年现金净流量;

(2) 计算各方案的净现值;

(3) 计算各方案的现值指数;

(4) 计算各方案的内含报酬率;

(5) 判断哪一方案更好。

2. 某公司拟投资一项目,有 A、B 两个方案可供选择:A 方案的初始投资150 000元,项目计算期 8 年,每年的净现金流量为 28 000 元;B 方案的初始投资200 000 元,项目计算期 10 年,每年的净现金流量为 32 000 元。该公司要求的最低投资报酬率为 9%。

试问:该公司应选择哪一投资方案,为什么?

3. 某公司投资 106 000 元购入一台设备,该设备预计净残值 6 000 元,可使用4 年,折旧按直线法计算(会计政策与税法一致)。设备投产后营业收入的增加额,第 1 年、第 2 年各为 50 000 元,第 3 年、第 4 年各为 60 000 元;付现成本的增加额,第 1 年、第 2 年各为 20 000 元,第 3 年、第 4 年各为 29 000 元。该公司目前年税后利润 30 000 元,适用的所得税率 25%,要求的最低报酬率 7%。

要求:

(1) 假设公司经营无其他变化,预测未来 4 年各年的税后利润。

（2）计算该投资方案的净现值,并判断方案的可行性。

4. 某公司计划购入一台设备,有两个备选方案:（1）购买 A 型设备,原价 30 000 元,使用寿命 5 年,期满有残值 1 500 元,每年末付修理费 2 000 元。（2）购买 B 型设备,原价 40 000 元,使用寿命 6 年,期满有残值 5 000 元,第 1 年末付修理费 2 500 元,以后各年末付修理费逐年递增 500 元。该公司要求的最低投资报酬率 9%,适用的所得税率 25%,税法规定的该类设备折旧年限为 5 年,净残值率 10%。

要求:分别计算 A、B 型设备的平均年成本现值,并判断购买何种设备。

5. 某公司拟投资一新项目,有关资料如下:

（1）设备投资。购入成本 50 万元,预计可使用 5 年,期满有残值 4 万元;税法规定的该设备折旧年限为 4 年,采用直线法折旧,残值率为 10%;计划在 2018 年 4 月 1 日购进并当即投入使用。

（2）厂房装修。装修费用预计 2.1 万元,计划在 2018 年 4 月 1 日支付;预计在 3 年后还要进行一次装修,费用预计 2.2 万元;装修费用在其受益期内平均摊入成本。

（3）收入和成本预计。预计 2018 年 4 月 1 日投产,前 3 年每年收入 18 万元,后两年每年收入保持 20% 的增长水平;每年付现成本 4 万元(不包括设备折旧、装修费摊销)。

（4）营运资金预计。2018 年 4 月 1 日垫付营运资金 6 万元。

（5）该公司要求的最低投资报酬率为 9%,适用的所得税率为 25%。

要求:用净现值法评价该项目的可行性。

6. 某公司设有三个投资方案甲、乙、丙。甲方案是一套 4 年前购入的生产线装置,原价 150 000 元,预计使用寿命 8 年,估计还可使用 4 年,每年付现成本 60 000 元;乙方案是再花 30 000 元对原生产线装置进行改良,可使用 4 年,每年付现成本 40 000 元;丙方案是投资 50 000 元对原生产线装置进行大修,可使用 4 年,每年付现成本 35 000 元。该生产线装置均按直线法计提折旧,预计残值均为原始投资的 10%。该公司所得税率为 25%,最低的投资报酬率为 9%。

要求:分析该公司选择何种方案进行投资。

7. 某公司计划对 4 年前投资为 100 万元的生产线进行改造或更新。该生产线预计使用寿命 8 年,年付现成本 12 万元。现有两个方案可供选择:方案甲,保留原生产线,再花 20 万元进行改造,改造后生产线的生产能力、使用寿命、年付现成本与原生产线完全相同;方案乙,废弃原生产线,其变现价值 50 万元,再投资 80 万元重建一生产线,年付现成本 6 万元,使用寿命为 8 年。无论何种方案生产线一律按直线法计提折旧,使用寿命期末的残值均为原价的 10%。该公司所得税率为

25％,最低的投资报酬率为9％。

要求:

(1) 计算各方案的年平均成本现值;

(2) 该公司选择何种方案进行投资?

8. 某公司拟用新设备替换已使用3年的旧设备。旧设备原价50 000元,估计尚可使用3年,预计最终残值4 500元,税法规定采用直线法计提折旧,折旧年限5年,法定残值5 000元。旧设备每年付现成本12 000元,目前变现价值为24 000元。新设备原价40 000元,估计可使用5年,每年付现成本11 000元,税法规定采用年数总和法计提折旧,折旧年限5年,法定残值4 000元,预计最终残值4 200元。该公司所得税率为25％,最低的投资报酬率为9％。

要求:讨论该公司是否应该更换设备。

9. 某公司拟投资一新产品,需购置一专用设备,预计价款600 000元,垫支营运资金80 128元。该设备预计使用5年,采用直线法计提折旧,预计残值60 000元(折旧政策与有关税法规定一致),最终残值49 829.33元。该新产品预计每件售价25元,每件变动成本15元,每年增加固定付现成本200 000元。该公司所得税率为25％,最低的投资报酬率为9％。

要求:计算净现值为零的销售量水平(计算结果保留整数)。

10. 某公司考虑用一台新的、效率更高的设备来代替旧设备,新旧设备的有关资料如下:

| | 旧设备 | 新设备 |
| --- | --- | --- |
| 原值(万元) | 120 | 150 |
| 预计使用年限(年) | 8 | 5 |
| 已使用年限(年) | 4 | — |
| 尚可使用年限(年) | 4 | 5 |
| 预计残值(万元) | 10 | 15 |
| 年付现成本(万元) | 50 | 35 |
| 目前变现价值(万元) | 60 | 150 |
| 最终报废残值(万元) | 12 | 14 |

该公司所得税率为25％,最低的投资报酬率为9％,新旧设备均采用直线法计提折旧,与税法折旧政策相同。

要求:分析该公司应否更新设备。

**八、综合分析题**（共 2 题）

1. 某公司拟更新原设备,新旧设备的详细资料如下:

| 项目 | 旧设备 | 新设备 |
| --- | --- | --- |
| 原价(元) | 80 000 | 100 000 |
| 税法规定残值(元) | 8 000 | 10 000 |
| 预计使用年限(年) | 8 | 4 |
| 已使用年限(年) | 4 | — |
| 尚可使用年限(年) | 4 | 4 |
| 年销售收入(元) | 20 000 | 60 000 |
| 年付现成本(元) | 10 000 | 30 000 |
| 期满残值(元) | 6 000 | 11 000 |
| 投产时需垫付 | | |
| 营运资金(元) | — | 20 000 |
| 现行市价(元) | 40 000 | 100 000 |

假设公司最低投资报酬率为 8%,所得税率为 25%,按直线法计提折旧。

要求:

(1) 计算售旧更新方案的净现值;

(2) 计算售旧更新方案的投资回收期;

(3) 计算售旧更新方案的内含报酬率;

(4) 分析该公司应否更新。

2. 某公司拟投资 150 万元建一条生产线,预计寿命期为 10 年,预测投产后可使公司增加的现金流量为:前 5 年乐观的估计为每年 40 万元,概率 0.7,悲观的估计为每年 35 万元,概率 0.3;后 5 年乐观的估计为每年 30 万元,概率 0.6,悲观的估计为每年 22 万元,概率 0.4。有关变化系数与肯定当量系数的经验关系如下:

| 变化系数 | 肯定当量系数 |
| --- | --- |
| 0.00~0.05 | 1 |
| 0.06~0.10 | 0.8 |
| 0.11~0.15 | 0.6 |
| 0.16~0.20 | 0.4 |
| 0.21~0.25 | 0.2 |

该公司要求的最低投资报酬率为 9%。

要求:采用肯定当量法调整各年现金流量,计算投资方案的净现值,并判断方案的可行性。

# 第九章

# 对外投资管理

## 学习目标与要求

❶ 了解企业对外投资的各种形式,掌握企业对外投资的各种类型及其含义。企业对外投资形式多样,大体有对外直接投资、有价证券投资以及基金投资。对外直接投资主要包括中外合资企业投资、合作企业投资和合并企业投资等。有价证券投资是指企业把资金用于购买其他发行主体发行的股票、债券等金融资产。基金投资包括证券基金投资、创业基金投资或风险基金投资和产业基金投资。

❷ 了解不同对外投资形式的特点。

❸ 了解不同的对外投资形式对企业的不同意义或作用,比如对外证券投资能够有效利用企业暂时闲置的资金获得一定的收益。企业应根据自身需要选择不同的对外投资方式。

## 学习重点和难点

### 学习重点

❶ 企业对外投资的种类、对外直接投资的方式、对外证券投资的形式、基金投资的种类等基本知识点;

❷ 对外直接投资包括中外合资企业投资、合作企业投资和企业合并投资。

### 学习难点

❶ 证券投资态势分析方法;

❷ 基金投资价值的财务指标的计算及分析。

## 练习题

一、单项选择题(共 10 题,把正确的选项序号填入该题括号)

  1. 下列哪种合并会造成垄断,削弱企业之间的正常竞争     (    )

    A. 吸收合并                 B. 控股合并

    C. 纵向合并               D. 横向合并

2. 证券投资基金中投资风险最低的是 （　）
    A. 股票基金               B. 混合基金
    C. 债券基金               D. 货币市场基金

3. 下列有关开放式基金的说法正确的是 （　）
    A. 开放式基金有固定的存续期    B. 开放式基金可以不上市交易
    C. 基金单位总数保持不变        D. 开放式基金不提前赎回

4. 甲公司吸收合并了乙公司,合并完成后 （　）
    A. 乙公司继续保留,甲公司不复存在
    B. 甲公司继续保留,乙公司不复存在
    C. 甲公司和乙公司都丧失法人地位
    D. 甲公司和乙公司都继续保留

5. 甲公司流动比率为2,乙公司流动比率为1,现甲公司和乙公司合并成立了新公司丙,请问丙公司的流动比率大约为 （　）
    A. 大于2               B. 小于1
    C. 介于2和1之间        D. 不一定

6. 在中外合作企业合营期满后,外方投入的固定资产通常归哪方所有（　）
    A. 中方               B. 外方
    C. 双方按出资比例分配    D. 出价高者

7. 从单位基金累计净值与单位基金净值的差异分析基金的分配政策,下列说法正确的是 （　）
    A. 两者的差异越小,说明基金公司实施消极的分红政策
    B. 两者的差异越大,说明基金公司实施积极的分红政策
    C. 该差异的大小与基金公司的分红政策无关
    D. 两者的差异越大,投资者越有可能提前赎回

8. 同行业中,经营同类产品的两个制造商或销售商的合并投资,是下列哪种合并方式 （　）
    A. 吸收合并           B. 控股合并
    C. 纵向合并           D. 横向合并

9. 相比于单一债券,关于债券基金不正确的是 （　）
    A. 债券基金的收益不如单一债券的利息固定
    B. 债券基金可以确定一个准确的到期日
    C. 债券基金的收益率比买入并持有单一债券到期的收益率更难以预测
    D. 所承担的风险不同

10. 关于基金的风险和收益,说法不正确的是　　　　　　　　　　（　　）

A. 基金的过往业绩并不预示基金的未来表现

B. 投资基金的风险由投资人承担

C. 买基金一定要买价格便宜的基金

D. 投资者应该根据基金的市场风险、基金经理的投资风格等多种因素选择基金

二、多项选择题(共 10 题,把正确的选项序号填入该题括号)

1. 下列行为属于企业对外投资的有　　　　　　　　　　　　　　（　　）

A. 企业内部更新固定资产

B. 企业与同行业企业合并

C. 企业与外商合资

D. 企业购买其他公司发行的债券

E. 企业购买原材料

2. 下面哪几点是中外合资企业的特征　　　　　　　　　　　　　（　　）

A. 中外合资企业是一个独立组成的公司实体

B. 投资者必须是来自两个或更多国家/地区的投资者

C. 由投资者提供资本

D. 投资者在一定水平上分担一定程度的经营管理责任

E. 投资者共同分担企业的全部风险

3. 中外合资企业的投资者可以采用以下哪些投资形式　　　　　　（　　）

A. 货币资金　　　　　　　　　B. 实物资产

C. 无形资产　　　　　　　　　D. 购买公司债券

E. 购买公司产品

4. 按照法律形式划分,可以将企业合并投资划分为　　　　　　　（　　）

A. 吸收合并投资　　　　　　　B. 新设合并投资

C. 控股合并投资　　　　　　　D. 横向合并投资

E. 混合合并投资

5. 企业合并的作用有　　　　　　　　　　　　　　　　　　　　（　　）

A. 提高资金流动性

B. 增加资金收益性

C. 降低公司财务风险

D. 降低公司经营风险

E. 合理避税

6. 下列关于封闭式基金的说法不正确的有　　　　　　　　　　　（　　）

A. 有固定的存续期　　　　　　　B. 规模固定

C. 可以赎回　　　　　　　　　　D. 不可以上市交易

E. 封闭式基金折价率越高,越接近到期日,套利的空间越大,其潜在的价值越大

7. 货币市场基金的投资对象主要是　　　　　　　　　　　　(　　)

A. 股票　　　　　　　　　　　　B. 银行定期存单

C. 国库券　　　　　　　　　　　D. 商业票据

E. 政府短期债券

8. 下列收入属于证券基金投资中本期收入的有　　　　　　　(　　)

A. 股票差价收入　　　　　　　　B. 债券差价收入

C. 权证差价收入　　　　　　　　D. 债券利息收入

E. 存款利息收入

9. 开放式基金资产总净值可能受到下列哪些因素影响　　　　(　　)

A. 基金已实现的收益

B. 基金份额申购和赎回的影响

C. 基金投资的资产价值的增减变化

D. 基金的费用

E. 基金的折价率

10. 按照投资风险与收益不同,可以将投资基金分为　　　　　(　　)

A. 公司型基金　　　　　　　　　B. 契约型基金

C. 成长型基金　　　　　　　　　D. 收入型基金

E. 平衡型基金

**三、判断改错题**(共 10 题,在该题括号中,错的打"×"并改正,对的打"√")

1. 购买封闭式基金的投资者一旦认购,不可以向基金管理公司赎回,而只能在证券市场上按市场价格转让。　　　　　　　　　　　　　　　　(　　)

2. 证券投资基金中投资风险最大的是货币市场基金。　　　　　(　　)

3. 封闭式基金货币资产比例要尽可能低一些,开放式基金要适当高一些。

(　　)

4. 中外合资投资是指中外投资者通过协商签订合同、协议,确定双方的权利、义务所进行的投资。　　　　　　　　　　　　　　　　　　　　(　　)

5. 基本因素分析法是通过对影响证券价格变动的基本因素,特别是证券的内在价值的分析来预测价格的变化态势的方法,主要适用于短期证券投资分析。

(　　)

6. 我国上市的股票是不记名股票,以便于流通。　　　　　　　(　　)

7. 经过新设合并,参与合并的企业只保留一个法人地位,其余的丧失法人地位,不复存在。 （ ）

8. 合资和合作企业,双方出资的资产均必须全部折算为注册资本,确定各自的投资份额。 （ ）

9. 对于封闭式基金,单位基金资产净值只是投资者在二级市场交易的影子价格。通常情况下,封闭式单位基金资产净值大于实际交易价格。 （ ）

10. 从单位基金累计净值与单位基金资产净值的差异分析基金的分配政策,两者的差异越大,说明基金公司越偏好实施积极的分红政策。 （ ）

**四、填空题**(共 5 题)

1. 对外直接投资的方式主要包括_____企业投资、_____企业投资、_____投资三种形式。

2. 按照法律形式划分,企业合并投资可分为_____投资、新设合并投资和_____投资。

3. 我国证券投资基金始于_____年,在较短的时间内就成功地实现了从_____到开放式基金、从_____到货币市场、从_____到合资基金管理公司、从_____到境外理财的几大历史性的跨越。走过了发达国家几十年乃至上百年的历程。

4. 按照组织形式的不同,证券基金可以分为_____和契约型基金。目前我国的证券投资基金均为_____。

5. 按照投资风险与收益的不同,证券基金可以分为_____、收入型投资基金和_____。

**五、名词解释题**(共 5 题)

1. 吸收合并投资

2. 开放式基金

3. 基金累计净值

4. 证券投资技术分析法

5. 对外投资

**六、简答题**(共 5 题)

1. 对外投资的目的是什么?

2. 对被投资企业投资项目评价的主要内容通常包括哪些方面?

3. 按照合并所涉及的行业划分,企业合并可以分为哪些类型? 这些合并对企业控制风险有何帮助?

4. 证券投资态势分析方法主要有哪两种? 其侧重点是什么?

5. 基金投资的种类有哪些? 普通投资者通常投资的基金是什么?

**七、计算题**(共 5 题)

1. 甲公司与乙公司拟合并,合并后乙公司不复存在,经估计甲公司目前的市场价值为 12 000 万元,乙公司目前的市场价值为 6 000 万元,估计合并后新公司的市场价值将达到 22 000 万元。乙公司股东要求以 8 500 万元成交,并购过程中交易费用率估计为 10%。

要求:计算甲公司完成此并购的净收益。

2. 我国汽车行业的上市公司 A 公司董事会拟吸收合并同行业公司 B,以迅速实现规模扩张。

表 9-1　A、B 公司合并前的年度主要相关财务指标

| 项　目 | A 公司 | B 公司 |
|---|---|---|
| 净利润(万元) | 30 000 | 8 000 |
| 股本(万股) | 12 000 | 4 000 |
| 市盈率(倍) | 20 | 15 |
| 每股收益(元/股) | 2.5 | 2 |
| 每股市价(元) | 50 | 30 |

公司的所得税率为 25%,A 公司打算以 10 股换 17 股增发新股的方式完成合并。

要求:如果并购后新的 A 公司的费用将因规模效应减少 1 600 万元,其他不变,预计合并后新的 A 公司的每股收益。

3. A 公司流动在外的普通股为 3 000 万股,现有净利润为 3 000 万元,市盈率为 20;B 公司流动在外的普通股为 100 万股,现有净利润为 80 万元,市盈率为 25。A 公司拟采用增发普通股的方式收购 B 公司,计划支付高于 B 公司市价 10% 的溢价。

要求:计算股票交换率和增发的普通股股数。

4. 假设某股票基金目前有:A 股票 20 万股,每股市价 15 元;B 股票 60 万股,每股市价 31 元;C 股票 110 万股,每股市价 12 元;银行存款 1 200 万元。该基金的负债有两项,对托管人或管理人应付未付的报酬为 400 万元,应付税金为 600 万元,已售出的基金单位为 2 000 万。

要求:计算该基金单位净值。

5. 某基金公司发行的是开放式基金,本年的相关资料如表 9-2 所示。

表 9-2　基金财务指标

| 项　目 | 年初 | 年末 |
|---|---|---|
| 基金资产账面价值(万元) | 2 000 | 2 200 |
| 负债账面价值(万元) | 500 | 520 |
| 基金资产市场价值(万元) | 3 500 | 4 840 |
| 基金单位(万份) | 1 000 | 1 200 |

假设公司收取首次认购费,认购费为基金净值的 5%,不再收取赎回费。

要求:

(1) 计算年初的下列指标:① 该基金公司基金净资产价值总额;② 基金单位净值;③ 基金认购价;④ 基金赎回价。

(2) 计算年末的下列指标:① 该基金公司基金净资产价值总额;② 基金单位净值;③ 基金认购价;④ 基金赎回价。

(3) 计算本年单位基金净值增长率。

## 八、案例分析题(共 1 题)

### TCL 兼并模式[①]

TCL 集团公司为国内颇具实力的家电生产企业。1996 年,TCL 集团公司对香港陆氏集团彩电项目实施兼并;1997 年 6 月,TCL 对地处中原地区的新乡"美乐"集团实施兼并。两次兼并都不以"吃掉"对方为目标,而是倡导合作资本的发挥,携手共创企业发展前景,这是中国企业合作史上少有的强强合作现象。权威人士认为,TCL 的企业兼并经验对中国国有企业改革具有普遍指导意义。

陆氏集团涉足彩电市场较早,生产经验丰富,尤其是海外市场开拓能力较强。1990 年,陆氏公司抓住欧洲一体化的机会,率先在英国设立生产基地,其后又在东欧设立彩电生产基地。1991 年,投资越南,和当地一厂家联营,成立电子厂。其在蛇口的生产基地拥有完整的科研开发设施,技术力量雄厚,同时具有较大的生产规模。TCL 集团对陆氏集团实施资本合作,充分利用了原蛇口陆氏的生产能力,从而拥有了一个完整的与国际接轨的科研、开发系统,大大提高了 TCL 王牌彩电的技术含量并降低了其生产成本。

"美乐"集团原是电子部部属企业,军转民后上了两条彩电生产线。"美乐"电子集团的彩电主要适合农村市场,该产品在中原、东北、华北的农村市场基础较好,工厂的技术力量和基本硬件有一定优势,领导班子和职工素质较高。"美乐"拥有

---

① 程元杰,谷振红,张海燕.财务管理案例.伊利:伊利人民出版社,2000;傅元略.财务管理学习指导与练习.厦门:厦门大学出版社,2009;吴安平等.财务管理学教学案例.北京:中国审计出版社,2001.

完整的销售体系,年销售额近 7 亿元,利润 1 300 万元,且它们的目标互补性很强。通过合作,TCL 在生产能力、布局和农村市场获益的同时,"美乐"也得到了资金、技术、管理和知名度。"美乐"则是 TCL 北上中原的理想合作者,兼并后,"美乐"原基地成为 TCL 在中原的轴心,形成 500 公里半径范围,4 亿人口农村市场开发的跳板和新基地。同时,降低了销售成本,按照销售 50 万台计算,可节省运费高达 1 500 万元,另外还加快了对农村市场的开拓。

TCL 集团公司兼并"美乐"的成功引起了各大媒介的关注,人民日报海外版、经济日报、工人日报、光明日报、新华每日电讯等都称这是国企强强合作、互补、内外联手的合作方式,是推动企业最大限度地解放生产力的发展模式,称之为"TCL 模式"。

要求分析思考:

(1)"TCL 模式"在兼并策略上体现了哪些特点?

(2)"TCL 模式"的成功对国有企业发展有何启示?

第十章

# 营运资金管理

 **学习目标与要求**

❶ 了解企业营运资金的概念及特点。

❷ 理解掌握流动资产管理的一般理论与定量方法。

❸ 运用模型确定现金最佳存量。

❹ 熟悉企业的信用管理政策要素，即信用标准、信用期限、收账政策和现金折扣的含义。

❺ 掌握应收账款政策的定量评价及存货的日常控制。

 **学习重点与难点**

**学习重点**

❶ 现金定量管理中的周期模式、存货模式和随机模式；

❷ 应收账款政策的定量评价；

❸ 合理确定存货的采购批量和生产批量的方法。

**学习难点**

❶ 确定现金最佳存量不同模式的比较及适用条件；

❷ 信用管理政策的理解与应用；不同采购经济批量的比较与应用。

 **练习题**

**一、单项选择题**(共 10 题，把正确的选项序号填入该题括号)

1. 下列哪一项不是流动资产的特点　　　　　　　　　　　　　　　　( 　 )

   A. 流动性强　　　　　　　　　　　B. 回收期短

   C. 灵敏度高　　　　　　　　　　　D. 收益高

2. 对存货进行 ABC 类划分后，A 类存货是指　　　　　　　　　　( 　 )

   A. 数量多、金额多　　　　　　　　B. 数量多、金额少

60

C. 数量少、金额多　　　　　　　D. 数量少、金额少

3. 企业将资金占用在应收账款上而放弃其他方面投资可获得的收益是应收
账款的　　　　　　　　　　　　　　　　　　　　　　　　　（　　）

A. 管理成本　　　　　　　　　　B. 持有成本

C. 坏账成本　　　　　　　　　　D. 资金成本

4. 某企业的应收账款周转率为 6 次,则其应收账款周转天数为　　（　　）

A. 30　　　　　　　　　　　　　B. 40

C. 50　　　　　　　　　　　　　D. 60

5. 在材料采购批量的决策中,下列哪一项成本为无关成本　　　（　　）

A. 采购成本　　　　　　　　　　B. 订购成本

C. 储存成本　　　　　　　　　　D. 利息成本

6. 在下列各项中,属于应收账款机会成本的是　　　　　　　　（　　）

A. 坏账损失　　　　　　　　　　B. 收账费用

C. 信用调查的费用　　　　　　　D. 占用资金应计利息

7. 对存货进行 ABC 类划分的最基本标准是　　　　　　　　　（　　）

A. 重量标准　　　　　　　　　　B. 数量标准

C. 金额标准　　　　　　　　　　D. 数量和金额标准

8. 在对存货采用 ABC 法进行控制时,应当重点控制的是　　　（　　）

A. 数量较大的存货　　　　　　　B. 占用资金较多的存货

C. 品种多的存货　　　　　　　　D. 价格昂贵的存货

9. 最佳采购批量是指　　　　　　　　　　　　　　　　　　　（　　）

A. 采购成本最低的采购批量　　　B. 订货成本最低的采购批量

C. 储存成本最低的采购批量　　　D. 相关总成本最低的采购批量

10. 企业在确定客户的信用标准前,首先必须评定客户的　　　（　　）

A. 信用品质　　　　　　　　　　B. 信用期限

C. 现金折扣　　　　　　　　　　D. 收账政策

二、多项选择题(共 10 题,把正确的选项序号填入该题括号)

1. 采用存货模式来确定现金最佳持有量,主要考虑的成本有　　（　　）

A. 短缺成本　　　　　　　　　　B. 持有成本

C. 交易成本　　　　　　　　　　D. 利息费用

E. 现金周转成本

2. 成本分析模式中持有货币资金成本可以分解为　　　　　　　（　　）

A. 置存成本　　　　　　　　　　B. 投资成本

C. 管理成本　　　　　　　　　　D. 短缺成本

E. 交易成本

3. 评定客户信用品质的 5C 系统包括：　　　　　　　　　　　（　　）

    A. 资本　　　　　　　　　　B. 品行

    C. 能力　　　　　　　　　　D. 担保品

    E. 情况

4. 信用管理政策的要素包括　　　　　　　　　　　　　　　　（　　）

    A. 信用品质　　　　　　　　B. 信用标准

    C. 信用期限　　　　　　　　D. 收账政策

    E. 现金折扣

5. 评定客户信用品质的 5C 系统中的能力是指分析客户的　　　（　　）

    A. 履行其付款义务的可能性　B. 流动资产的数量、质量

    C. 流动负债的状况　　　　　D. 能否为信用提供担保资产

    E. 信誉或形象

6. 流动资金的管理要求有　　　　　　　　　　　　　　　　　（　　）

    A. 提高盈利性　　　　　　　B. 满足成长性

    C. 保持流动性　　　　　　　D. 保证安全性

    E. 股权优化性

7. 流动资产投资又称经营性投资，与固定资产投资相比，下列说法正确的是

    　　　　　　　　　　　　　　　　　　　　　　　　　　　（　　）

    A. 投资回收期短　　　　　　B. 流动性强

    C. 灵敏度高　　　　　　　　D. 资金成本高

    E. 单位价值高

8. 流动负债的特点包括　　　　　　　　　　　　　　　　　　（　　）

    A. 资金成本低　　　　　　　B. 财务风险高

    C. 融资弹性强　　　　　　　D. 融资速度快

    E. 资金成本高

9. 确定现金最佳存量的模式有以下哪几种　　　　　　　　　　（　　）

    A. 周期模式　　　　　　　　B. 成本分析模式

    C. 存货模式　　　　　　　　D. 随机模式

    E. 现金流量模式

10. 现金的周转过程主要包括　　　　　　　　　　　　　　　　（　　）

    A. 存货周转期　　　　　　　B. 应付账款周转期

    C. 应收账款周转期　　　　　D. 预收账款周转期

    E. 营运资金周转期

**三、判断改错题**(共 10 题,在该题括号中,错的打"╳"并改正,对的打"√")

1. 与采购存货有联系的订货成本的高低取决于订货的数量与质量。　　　(　　)

2. 企业的应收账款周转率越大,说明发生坏账损失的可能性越大。　　(　　)

3. 缺货成本就是缺少存货的采购成本。　　　　　　　　　　　　　(　　)

4. 一般说来,在其他条件不变的情况下,延长信用期限,也就等于延长了应收账款的平均收账期。　　　　　　　　　　　　　　　　　　　　(　　)

5. 应收账款周转率越高,维持赊销需要的资金越少,应收账款的机会成本越小。　　　　　　　　　　　　　　　　　　　　　　　　　　　(　　)

6. 应收账款周转天数与应收账款周转次数是倒数关系。　　　　　　(　　)

7. 企业的现金越多,支付能力越强,盈利能力也越强。　　　　　　(　　)

8. 现金周转期是存货周转期与应收账款周转期之和。　　　　　　　(　　)

9. 随机模式是基于现金收支不均衡且数额难以预测的确定现金存量的方法。　　　　　　　　　　　　　　　　　　　　　　　　　　　　(　　)

10. 收账费用的增加与坏账费用的减少之间并非线性关系。　　　　(　　)

**四、填空题**(共 5 题)

1. 从资金运用的角度看,营运资金是指运用在_____上的资金。

2. 现金是流动资产的重要组成部分,其价值形态既是企业资金循环的_____,也是企业资金循环的_____,其_____最强。

3. 信用期限是指企业给予客户的_____。

4. 账龄分级监控的程序是,首先计算_____,然后对_____进行分类,以便对全部应收账款实施监控。

5. 采购批量是指_____。

**五、名词解释题**(共 5 题)

1. 现金的周期模式

2. 信用标准

3. 收账政策

4. 采购批量

5. 信用期间

**六、简答题**(共 5 题)

1. 在评定信用品质时,从哪些方面调查客户的信用情况?

2. 信用报告主要包括哪些内容?

3. 企业信用管理政策包括哪几个要素?

4. 简述 ABC 分类法。

5. 简述营运资金的特点。

## 七、计算题(共 5 题)

1. 某厂生产 A 产品,全年需要 4 800 千克,每次生产准备成本为 200 元,每千克年储存成本为 12 元。要求:计算 A 产品最佳生产批量。

2. 凯旋股份有限公司预计计划年度存货周转期为 120 天,应收账款周转期为 80 天,应付账款周转期为 70 天,预计全年需要现金 1 400 万元,求最佳现金持有量是多少?

3. 某公司预计全年货币资金需求量为 400 000 元,每次买卖证券的费用为 60 元,证券年利率为 8%,求最佳货币资金持有量。

4. 某企业生产中全年需要某种材料 2 000 公斤,每公斤买价 20 元,每次订货费用 50 元,单位储存成本为买价的 25%。确定该企业最佳采购批量和全年的采购次数。

5. 某企业预计耗用甲种材料 72 吨,每次订货成本 16 000 元,单位储存成本 4 000 元,单位缺货成本 7 000 元,确定该企业经济订购批量和平均缺货量。

## 八、综合分析题(共 2 题)

1. 某企业原实行 30 天信用期限赊销,企业的平均资金利润率为 30%,赊销收入 500 万元,销售成本 350 万元,财务成本 8.75 万元,收账费用 4 万元,坏账损失 5 万元。现企业拟实施客户在 10 天内付清价款可享受 2% 的现金折扣的方案,预计方案实施后,所有客户都会在折扣期内付款,企业的收账费用可降低至 1/4,消除了坏账损失。试确定该企业拟定的现金折扣方案是否可行。

2. A 公司是一个商业企业。由于目前的信用条件过于严格,不利于扩大销售,该公司正在研究修改现行的信用条件。现推出甲、乙、丙三个信用条件的备选方案,有关数据资料见表 10 - 1。

表 10 - 1　甲、乙、丙信用条件及有关资料

| 项目 | 甲方案($n/60$) | 乙方案($n/90$) | 丙方案($2/30,n/90$) |
| --- | --- | --- | --- |
| 年赊销额(万元/年) | 1 440 | 1 530 | 1 620 |
| 收账费用(万元/年) | 20 | 25 | 30 |
| 固定成本 | 32 | 35 | 40 |
| 坏账损失率 | 2.5% | 3% | 2.7% |
| 收账费用 | 20 | 25 | 24 |

已知 A 公司的变动成本率为 80%,占用在应收账款上的资金成本率为 10%,坏账损失率为坏账损失与年赊销额的比率。考虑到有一部分客户会拖延付款,因

此预计在甲方案中,应收账款平均收账天数为 90 天;在乙方案中应收账款平均收账天数为 120 天;在丙方案中,估计有 40％的客户会享受现金折扣,有 40％的客户在信用期内付款,另外 20％客户延期 60 天付款。假定各个客户购货量相等。

要求:

(1) 计算丙方案的下列指标。

① 应收账款平均收账天数;

② 应收账款机会成本;

③ 现金折扣。

(2) 计算三个方案信用成本前的收益和信用成本后的收益,选择一个最优的方案(一年按 360 天计算)。

第十一章

# 收益分配管理

 **学习目标与要求**

❶ 了解企业收益分配的程序、形式及其相关制约因素。

❷ 一般了解并掌握股利政策制定的基本理论观点，了解投资决定模式、股利决定模式和收益决定模式下的不同股利政策理论解释，理解 MM 股利无关论；代理理论和信号传递理论对股利政策的解释。

❸ 了解企业利润总额的分配顺序。

❹ 重点掌握股利政策制定的主要类型和影响因素，以及股利支付的程序和方式。

❺ 明确股票回购的概念、类型与动机。

 **学习重点与难点**

**学习重点**

❶ 收益分配的含义与形式；

❷ 影响股利政策制定的相关因素；

❸ 股利政策的主要类型及应用；

❹ 股利支付程序与方式；

❺ 股票回购动机及类型。

**学习难点**

投资决定模式、股利决定模式和收益决定模式下的不同股利政策理论解释。

 **练习题**

**一、单项选择题**（共 10 题，把正确的选项序号填入该题括号）

1. 法律禁止公司过度地保留盈余的主要原因是 （　　）

　　A. 避免资本结构失调　　　　　　　B. 避免损害少数股东权益

    C. 防止股东避税　　　　　　　　D. 避免经营者从中牟利

2. 剩余股利政策的理论依据是　　　　　　　　　　　　　　（　　）

    A. MM 股利无关论　　　　　　　　B. 股利相关论

    C. 所得税差异理论　　　　　　　　D. 代理理论

3. 某公司近年来经营业务发展较快,预计现有生产能力能够满足未来 10 年稳定增长的需要,公司希望其股利支付与公司盈余保持紧密的配合。基于以上条件,该公司最适宜的股利政策是　　　　　　　　　　　　　　　（　　）

    A. 剩余股利政策　　　　　　　　B. 固定股利支付率政策

    C. 固定股利政策　　　　　　　　D. 低正常股利加额外股利政策

4. 从企业的支付能力的角度看,采用以下何种政策是一种稳定的股利政策

                                       （　　）

    A. 固定股利政策　　　　　　　　B. 剩余股利政策

    C. 固定股利支付率政策　　　　　D. 低正常股利加额外股利政策

5. 企业税后利润分配的顺序是　　　　　　　　　　　　　　（　　）

    A. 弥补企业以前年度亏损,提取任意盈余公积金,提取法定盈余公积金,向投资者分配

    B. 弥补企业以前年度亏损,向投资者分配,提取法定盈余公积金,提取任意盈余公积金

    C. 弥补企业以前年度亏损,提取法定盈余公积金,向投资者分配,提取任意盈余公积金

    D. 弥补企业以前年度亏损,提取法定盈余公积金,提取任意盈余公积金,向投资者分配

6. 某公司 2017 年度实现净利润 100 万元,2018 年投资计划预计需要 50 万元的资金。公司目标资本结构为自有资金 40%,借入资金 60%,若公司采用剩余股利政策,则该公司 2017 年可向投资者发放的股利数额为多少万元　　（　　）

    A. 20　　　　　　　　　　　　　B. 70

    C. 80　　　　　　　　　　　　　D. 100

7. 根据公司法的规定,法定盈余公积的提取比例为当年税后利润的 10%。法定盈余公积金已达到注册资本的多少时可不再提取　　　　　　　（　　）

    A. 20%　　　　　　　　　　　　B. 30%

    C. 40%　　　　　　　　　　　　D. 50%

8. 某公司现有普通股 1 000 000 股,每股面值 1 元,资本公积 3 000 000 元,未分配利润 8 000 000 元。若按 10 转增 1 股的比例发放股票股利,股利发放后,有关账户余额为　　　　　　　　　　　　　　　　　　　　　（　　）

    A. 未分配利润 7 900 000 元　　　　B. 资本公积 2 900 000 元

    C. 普通股 900 000 股　　　　　　　D. 库存股 100 000 股

9. 公司发放现金股利,可能带来的结果是　　　　　　　　　　　　(　　)

    A. 股东权益内部结构变化　　　　　B. 公司负债的增加

    C. 公司资产的流出　　　　　　　　D. 股东财富的总价值增加

10. 有利于优化资本结构,降低加权平均资本成本率,实现企业价值长期最大化的股利政策是　　　　　　　　　　　　　　　　　　　　　　(　　)

    A. 剩余股利政策　　　　　　　　　B. 固定股利政策

    C. 固定股利支付率政策　　　　　　D. 低正常股利加额外股利政策

**二、多项选择题**(共 10 题,把正确的选项序号填入该题括号)

1. 从股东保护自身利益的角度出发,在确定股利分配政策时应考虑的因素有

                                      (　　)

    A. 避税　　　　　　　　　　　　　B. 控制权

    C. 稳定股东收入　　　　　　　　　D. 投资机会

    E. 股价变动

2. 按照股份有限公司对其股东支付股利的不同方式,股利可以分为不同的种类,包括　　　　　　　　　　　　　　　　　　　　　　　　　　　(　　)

    A. 现金股利　　　　　　　　　　　B. 财产股利

    C. 负债股利　　　　　　　　　　　D. 资产股利

    E. 股票股利

3. 企业发放的股票股利　　　　　　　　　　　　　　　　　　　　(　　)

    A. 实际上是企业盈利的资本化　　　B. 会使企业财产价值增加

    C. 可使股票价格不至于过高　　　　D. 能达到节约企业现金的目的

    E. 可吸引更多的投资者

4. 在证券市场上,股票回购的动机主要有　　　　　　　　　　　　(　　)

    A. 替代现金股利　　　　　　　　　B. 提高公司股价

    C. 提高财务杠杆比例　　　　　　　D. 降低公司股价

    E. 防止敌意收购

5. 下列各项中,属于确定股利分配政策的法律因素的内容有　　　　(　　)

    A. 控制权考虑　　　　　　　　　　B. 资本保全限制

    C. 资本积累限制　　　　　　　　　D. 超额累计利润限制

    E. 偿债能力限制

6. 对于连续 5 年不能用税前利润弥补的亏损,可用下列哪些项目弥补(　　)

    A. 盈余公积　　　　　　　　　　　B. 资本公积

  C. 未分配利润      D. 实收资本

  E. 股本

 7. 债权人通常会在与公司签订的债务契约中加入一些限制性条款,以限制公司股利的发放,这些条款包括          (  )

  A. 股利的支付不能超过累计盈余的一定百分比

  B. 营运资金低于某一特定金额时不得发放股利

  C. 从利润中提取偿债基金

  D. 利息保障倍数低于一定水平时不得发放股利

  E. 股利只能以签订合同之后的收益发放

 8. 某公司现有普通股 5 000 000 股,每股面值 1 元,资本公积 2 000 000 元,盈余公积 1 600 000 元,未分配利润 1 000 000 元,若按 10 股送 1 股的比例发放股票股利(不考虑股本溢价),股利发放后,有关账户余额为    (  )

  A. 资本公积 1 500 000 元    B. 未分配利润 500 000 元

  C. 普通股 4 500 000 股    D. 普通股 5 500 000 股

  E. 盈余公积 1 100 000 元

 9. 企业选择股利政策类型时通常需要考虑的自身因素包括  (  )

  A. 支付能力的稳定情况    B. 获利能力的稳定情况

  C. 目前的投资机会      D. 投资者的态度

  E. 资金的变现能力

 10. 我国企业提取的盈余公积金可以用于       (  )

  A. 员工集体福利      B. 弥补企业亏损

  C. 增加注册资本      D. 支付现金股利

  E. 支付股票股利

**三、判断题**(共 10 题,在该题括号中,错的打"×"并改正,对的打"√")

 1. 一般来说,如果一个公司筹资能力较强,则有可能采取宽松的收益分配政策。                      (  )

 2. 公司采取固定股利政策可以优化资本结构、实现企业价值最大化,从而有利于企业树立良好的形象。            (  )

 3. 在实务中,企业收益分配的内容是净利润的分配。   (  )

 4."在手之鸟"理论认为公司应保持较低水平的股利支付政策。 (  )

 5. 企业每年必须按本年实现的税后利润的 10% 计提法定盈余公积金。                       (  )

 6. 处于成长期的公司多采取多分少留的政策,而陷入经营收缩的公司多采取少分多留的政策。               (  )

7. 根据我国有关法律规定,股利的支付不能减少资本,如果一个公司的资本已经减少或因支付股利而引起资本减少,则不能支付股利。　　　　（　　）

8. 在信息不对称的情况下,股票回购可能会产生一种有利于公司的信号传递作用,当经理认为本公司普通股价值被低估时,他们往往会采取股票回购方式向市场表达股票价值被低估的信息。　　　　（　　）

9. 只有在除息日之前、股权登记日收盘时在册的股东,才能分享最近一次分派的股利。　　　　（　　）

10. 发放股票股利有利于提高公司每股净资产。　　　　（　　）

## 四、填空题(共5题)

1. 在实务中,企业收益分配是指_____的分配。

2. 我国通常采用的股利支付方式是_____和股票股利。

3. 常见的股利政策形式有剩余股利政策、稳定股利政策、_____、正常股利加额外股利政策。

4. 企业对利润总额分配的程序有税前利润弥补亏损、缴纳所得税、支付各种罚没款项、税后利润弥补亏损、_____、向投资者分配六个步骤。

5. 影响股利政策制定的相关因素有法律因素、_____、股东因素、公司自身因素。

## 五、名词解释(共5题)

1. 除权除息日

2. 剩余股利政策

3. 固定或持续增长的股利政策

4. 股票股利

5. 股票回购

## 六、简答题(共5题)

1. 短期、长期债权人对收益分配有哪些利益要求?

2. 简述选择股利政策时应考虑的相关因素。

3. 简述股票回购的概念与类型。

4. 股份有限公司向股东支付股利的程序是什么?

5. 在股利分配的实务中,公司经常采用的股利政策有哪些?说明为什么要采取这些政策。

## 七、计算题(共5题)

1. 某公司上年的税后净利润为1 200万元,分配的现金股利为420万元,本年的税后净利润为900万元,下年该公司的投资计划需要资金500万元,该公司的目标资本结构为股权资本占60%,债务资本占40%,该公司盈余公积已提足。

要求：

（1）如果采用剩余股利政策,计算该公司本年应分配的现金股利。

（2）如果采用固定股利政策,计算该公司本年应分配的现金股利。

（3）如果采用固定股利支付率政策,计算该公司本年应分配的现金股利。

（4）如果采用低正常股利加额外股利政策,该公司上年的现金股利为正常股利,另按净利润增加的10%支付额外股利,计算该公司本年应分配的现金股利。

2. 某公司下年拟投资2 000万元引进一条生产线以扩大生产能力,该公司目标资本结构为:股权资本占60%,债务资本占40%。该公司本年税后利润为1 000万元,采用固定股利政策,该年度应分配的股利为300万元。试计算下年度该公司为引进生产线需要从外部筹集股权资本的数额。

3. 某公司本年净利润为600万元,分派现金股利270万元。过去10年该公司始终按45%的比例从净利润中支付股利。预计公司下年税后利润的增长率为5%,下年拟投资500万元。

要求：

（1）如果该公司采用固定股利支付率政策,计算下年发放的股利额。

（2）如果采用正常股利加额外股利政策,该公司决定在固定股利的基础上,若税后利润的增长率达到或超过5%,新增利润的1%将作为固定股利的额外股利。试计算下年发放的股利额。

4. 甲上市公司在2017年3月份的股票平均市价为22.50元,每股收益为2元。股东权益项目构成如下:普通股4 000万股,每股面值1元,资本公积500万元,留存收益9 500万元。甲公司于2017年3月31日准备用现金按每股市价25元(平均价上浮10%)回购800万股流通在外股票,且公司净利润不变,试计算:（1）股票回购之后的净利润;（2）股票回购之后的每股收益。

5. 某公司宣告每10股送2.5股的股票股利,其股权登记日为4月1日。股权登记日该公司股票收盘价每股25元,你拥有160股该公司股票。

要求：

（1）在发放股票股利后,你共拥有多少股票?

（2）如其他条件不变,你预计在4月2日每股除权价为多少?

（3）如其他条件不变,则在发放股票股利前后,即按股票除权前后价格计算,你所拥有的股票总市值各为多少?

**八、综合分析题**(共1题)

某公司在上年度实现净利润1 000万元,分配现金股利550万元,提取盈余公积金450万元。在本年度实现净利润为900万元,且在下年度计划投资700万元。假定公司目标资本结构为权益资本占60%,长期债务资本占40%。

要求：

（1）在保持目标资本结构的前提下，计算下年投资方案所需的权益资本和需要从外部借入的长期债务资本。

（2）在保持目标资本结构的前提下，若公司实行剩余股利政策，且盈余公积金在上年度已经提足，计算本年度可分配的现金股利。

（3）在不考虑目标资本结构的前提下，如果公司执行固定股利政策，计算本年度可分配的现金股利。

（4）在不考虑目标资本结构的前提下，若公司执行固定股利支付政策，计算该公司的股利支付率和本年度应分配的现金股利。

（5）假定公司下年面临从外部筹资的困难，只能从内部筹集。若不考虑目标资本结构，计算在此情况下本年度可分配的现金股利。

# 第十二章
# 财务预算

 **学习目标与要求**

❶ 了解全面预算的基本含义及其组成内容。

❷ 了解财务预算与 ERP 系统的关系。

❸ 理解业务预算、专门决策预算和财务预算之间的关系。

❹ 熟悉全面预算体系,理解并掌握日常业务预算、专门决策预算和财务预算的基本概念及构成内容,掌握财务预算的编制方法,尤其是财务预算编制的基本方法。

 **学习重点与难点**

**学习重点**

❶ 全面预算体系;

❷ 全面预算与财务预算、财务预算与 ERP 的关系;

❸ 财务预算与经营预算、财务预算与专门决策预算的关系;

❹ 预算编制方法,主要是固定预算编制方法、零基预算编制方法与滚动预算编制方法。

**学习难点**

❶ 预计财务报表的编制方法;

❷ 现金收支预算编制方法。

 **练习题**

**一、单项选择题**(共 10 题,把正确的选项序号填入该题括号)

1. 作为全面预算体系中的最后环节预算是 ( )

    A. 销售预算                B. 滚动预算

    C. 经营预算                D. 财务预算

2. 现金收支预算属于以下哪种预算 　　　　　　　　（　　）

    A. 经营预算                    B. 特种预算

    C. 业务预算                    D. 财务预算

3. 以下哪项预算是绩效考核的主要依据 　　　　　　（　　）

    A. 财务预算                    B. 业务预算

    C. 资本预算                    D. 绩效预算

4. 随着企业经济活动的日益复杂化,传统方法的局限性也日趋明显。推行弹性预算方法是为了克服以下哪项预算的缺点 　　　　　（　　）

    A. 增量预算                    B. 零基预算

    C. 固定预算                    D. 滚动预算

5. 随着企业经济活动的日益复杂化,传统方法的局限性也日趋明显。为了消除增量预算的缺点,设计了以下哪项预算方法 　　　　（　　）

    A. 增量预算                    B. 零基预算

    C. 固定预算                    D. 滚动预算

6. 随着企业经济活动的日益复杂化,传统方法的局限性也日趋明显。为了弥补定期预算的不足,采用了以下哪项预算方法 　　　　（　　）

    A. 增量预算                    B. 零基预算

    C. 固定预算                    D. 滚动预算

7. 企业年度财务预算的实际编制,以下面哪项预算为起点,依次编制生产预算、直接材料预算、直接人工预算、制造费用预算、产品成本预算、销售和管理费用预算等业务预算,再据以编制现金预算,最后编制预计财务报表 　　（　　）

    A. 生产预算                    B. 成本预算

    C. 现金预算                    D. 销售预算

8. 企业编制成本预算的方法按其出发点的特征不同,分为增量预算方法和 　　　　　　　　　　　　　　　　　　　　　　　（　　）

    A. 增量预算方法              B. 零基预算方法

    C. 固定预算方法              D. 滚动预算方法

9. 弹性利润预算的编制是以下列哪项预算为其基础的 　　（　　）

    A. 弹性成本                    B. 变动成本

    C. 固定成本                    D. 弹性收入

10. 预算编制程序主要有以下哪三种类型 　　　　　（　　）

    A. 自上而下、自下而上和折中型

    B. 自上而下、自下而上和混合型

    C. 自上而下、自下而上和综合型

D. 自上而下、自下而上和简略型

二、多项选择题（共 10 题，把正确的选项序号填入该题括号）

1. 企业全面预算包括以下哪几种预算　　　　　　　　　　　　　　（　　）

A. 日常预算　　　　　　　　　B. 专门决策预算

C. 财务预算　　　　　　　　　D. 固定预算

E. 零基预算

2. 财务预算是反映企业在预算期内有关现金收支、经营成果和财务状况的预算，具体包括　　　　　　　　　　　　　　　　　　　　　　　　　（　　）

A. 现金收支预算　　　　　　　B. 成本费用预算

C. 销售预算　　　　　　　　　D. 预计利润表

E. 预计资产负债表

3. 编制弹性预算的方法主要有　　　　　　　　　　　　　　　　　（　　）

A. 因素法　　　　　　　　　　B. 百分比法

C. 公式法　　　　　　　　　　D. 列表法

E. 图示法

4. 财务预算的主要作用具体概括为　　　　　　　　　　　　　　　（　　）

A. 财务预算是企业提高战略管理水平的重要手段

B. 财务预算是企业内部各部门协调的工具

C. 财务预算是实施控制的标准

D. 财务预算是绩效考核的主要依据

E. 财务预算的编制有助于风险预测和防范

5. 预算编制程序主要有以下哪几种类型　　　　　　　　　　　　　（　　）

A. 自上而下　　　　　　　　　B. 折中型

C. 自下而上　　　　　　　　　D. 自我参与预算

E. 混合型

6. 严格地讲，企业预算编制的具体程序，应当考虑企业的行业性质、经营规模等因素。但应该依照"上下结合、分级编制、逐级汇总"的基本程序进行，具体包括以下哪些步骤　　　　　　　　　　　　　　　　　　　　　　　（　　）

A. 下达目标　　　　　　　　　B. 编制上报

C. 审查审批　　　　　　　　　D. 试算平衡

E. 下达执行

7. 现金预算编制的基础包括　　　　　　　　　　　　　　　　　　（　　）

A. 滚动预算　　　　　　　　　B. 日常业务预算

C. 专门决策预算　　　　　　　D. 弹性预算

    E. 零基预算

  8. 下列各项预算属于日常业务预算的有               （    ）

    A. 生产预算                   B. 制造费用预算

    C. 财务预算                   D. 销售预算

    E. 管理费用预算

  9. 在实务中,弹性预算方法主要用于编制             （    ）

    A. 弹性成本费用预算            B. 弹性利润预算

    C. 经营决策预算                D. 弹性财务费用预算

    E. 弹性期末存货预算

  10. 滚动预算的滚动方式有                     （    ）

    A. 逐月滚动方式                B. 逐季滚动方式

    C. 逐年滚动方式                D. 综合滚动方式

    E. 混合滚动方式

**三、判断改错题**(共 10 题,在该题括号中,错的打"╳"并改正,对的打"✓")

  1. 日常业务预算又叫经营预算,它是企业全面预算的最终归宿。   （    ）

  2. 编制预算的方法按预算期的时间特征不同,可以分为定期预算和滚动预算。   （    ）

  3. 增量预算是以基期预算为基础,对预算值进行增减调整。这种方法思路简单,操作方便。   （    ）

  4. 零基预算是为了克服固定预算的不足而设计的,与固定预算相比较,零基预算的编制具有以下特点:以零为起点编制预算;进行成本效益分析;通过对业务项目的评价来确定预算金额。   （    ）

  5. ERP 系统的核心是实现对整个供应链的有效管理,其管理理念具体表现在:(1) 充分重视对整个供应链资源进行整合;(2) 充分体现精益生产、同步工程和敏捷制造的思想;(3) 力求做到事先计划和事中控制相结合。   （    ）

  6. 预计资产负债表现金(货币资金)项目的期末数不一定等于现金预算中的期末现金余额。   （    ）

  7. 与定期预算相比较,滚动预算具有连续性、及时性和科学性等优点。但采用滚动预算方法的主要缺点是预算工作量较大。   （    ）

  8. 财务预算从价值方面总括地反映经营期决策预算与业务预算的结果,其主要数据来源于各个业务预算及专门决策预算,可见,财务预算的编制以其他预算为基础,是全面预算体系中的最后环节。   （    ）

  9. 为了便于及时、合理地开展预算的编制工作,大中型企业一般要成立专门的预算审计委员会。   （    ）

10. 固定预算只适用于业务量受外界影响较小的企业。　　　　（　　）

**四、填空题**（共 5 题）

1. 全面预算包括＿＿＿＿＿＿预算、＿＿＿＿＿＿预算和＿＿＿＿＿＿预算三个方面。

2. 财务预算是反映企业在预算期内有关现金收支、经营成果和财务状况的预算,包括＿＿＿＿＿＿、＿＿＿＿＿＿、＿＿＿＿＿＿。

3. 企业预算以其是否按业务量进行调整,分为＿＿＿＿预算和＿＿＿＿预算。

4. 企业编制成本预算的方法按其出发点的特征不同,分为＿＿＿＿＿＿方法和＿＿＿＿＿＿方法两大类。

5. 编制预算的方法按预算期的时间特征不同,可以分为＿＿＿＿＿＿和＿＿＿＿＿＿两大类方法。

**五、名词解释题**（共 10 题）

1. 全面预算

2. 日常业务预算(经营预算)

3. 专门决策预算(特种决策预算)

4. 财务预算(综合预算或总预算)

5. 固定预算(静态预算)

6. 弹性预算(变动预算)

7. 增量预算

8. 零基预算(零底预算)

9. 滚动预算(连续预算或永续预算)

10. 定期预算

**六、简答题**（共 5 题）

1. 全面预算的组成内容是什么,其相互关系如何?

2. 财务预算与 ERP 系统的关系如何?

3. 固定预算的缺点是什么,其适用范围如何?

4. 简述零基预算的特点、编制程序及其优点。

5. 什么是滚动预算,滚动预算具有哪些优缺点?

**七、计算题**（共 5 题）

1. 练习固定预算法

利源公司采用完全成本法,预算期下年生产甲产品的预计产量为 100 件,按固定预算方法编制的甲产品成本预算如表 12-1 所示。

表 12－1　利源公司甲产品成本预算表（固定预算法编制）　单位：万元

| 成本项目 | 总成本 | 单位成本 |
|---|---|---|
| 直接材料 | 1 000 | 10 |
| 直接人工 | 300 | 3 |
| 制造费用 | 500 | 5 |
| 合　计 | 1 800 | 18 |

假设甲产品在预算年度的实际产量为 150 件，实际发生总成本为 2 625 万元，其中直接材料 1 650 万元，直接人工 440 万元，制造费用（假定为变动费用）535 万元，单位成本为 17.5 万元。

要求根据所给资料填制该公司成本业绩报告表，如表 12－2。

表 12－2　利源公司成本业绩报告表　单位：万元

| 成本项目 | 实际成本 | 预算成本 | | 差　异 | |
|---|---|---|---|---|---|
| | | 未按产量调整 | 按产量调整 | 未按产量调整 | 按产量调整 |
| 直接材料 | | | | | |
| 直接人工 | | | | | |
| 制造费用 | | | | | |
| 合计 | | | | | |

2. 练习弹性预算法

利源公司拟编制下年度的制造费用弹性预算，其确定的业务量单位和范围是 4 000 人工工时到 5 500 人工工时，间隔 500 人工工时。各项制造费用资料如表 12－3 所示。

表 12－3　各项制造费用资料表

| 费用项目 | 变动制造费用率（元/小时） | 固定制造费用（元） |
|---|---|---|
| 间接材料 | 0.5 | |
| 间接人工 | 0.7 | |
| 电　费 | 0.3 | |
| 水　费 | 0.2 | |
| 维修费 | 0.09 | 2 000 |
| 其　他 | 0.2 | 1 000 |
| 折旧费 | | 2 000 |
| 管理费 | | 3 000 |
| 保险费 | | 1 600 |
| 合　计 | 1.99 | 9 600 |

根据以上资料,运用列表法编制利源公司下年度制造费用弹性预算表,如表
12-4。

表 12-4 制造费用弹性预算表

| 费用项目（元） | 变动制造费用率 | 业务量（人工工时） | | | |
|---|---|---|---|---|---|
| | | 4 000 | 4 500 | 5 000 | 5 500 |
| 变动费用 | | | | | |
| 间接材料 | 0.5 | | | | |
| 间接人工 | 0.7 | | | | |
| 电费 | 0.3 | | | | |
| 水费 | 0.2 | | | | |
| 维护费 | 0.09 | | | | |
| 其他 | 0.2 | | | | |
| 小计 | 1.99 | | | | |
| 固定费用 | | | | | |
| 维护费 | 2 000 | | | | |
| 折旧费 | 2 000 | | | | |
| 管理费 | 3 000 | | | | |
| 保险费 | 1 600 | | | | |
| 其他 | 1 000 | | | | |
| 小 计 | 9 600 | | | | |
| 合 计 | | | | | |
| 直接人工小时成本率 | | | | | |

3. 练习零基预算法

利源公司采用零基预算法编制下年度销售与管理费用预算。

(1)基层预算单位的销售及管理部门全体职工,根据下年度企业的总体目标和
本部门的具体任务,经过反复讨论,提出计划年度主要费用开支方案如下:

① 房屋租金　　　　　　　　　300 万元

② 差旅费　　　　　　　　　　400 万元

③ 办公费　　　　　　　　　　600 万元

④ 运输费　　　　　　　　　　200 万元

⑤ 广告费　　　　　　　　　　400 万元

⑥ 保险费　　　　　　　　　　　200 万元

⑦ 销售及管理人员工资　　　　　200 万元

⑧ 培训费　　　　　　　　　　　300 万元

(2) 将以上广告和培训费,根据各期资料进行成本效益分析,其结果如表 12-5 所示。

表 12-5　广告和培训费成本效益分析表

| 费用项目 | 成本(万元) | 收益(万元) | 成本效益率(%) |
|---|---|---|---|
| 广告费 | 1 | 20 | 2 000% |
| 培训费 | 1 | 30 | 3 000% |

通过讨论研究,大家一致认为房屋租金、办公费、运输费、差旅费、保险费、销售和管理人员工资是不可避免的费用开支,应全额得到保证,故列为第一层次;培训费和广告费属酌量性固定成本,可根据企业预算期间的具体财力情况酌情增减,但培训费的成本收益率高于广告费的成本收益率,故将培训费列为第二层次,广告费列为第三层次。

(3) 假定利源公司在预算期间下年度可用于销售费用及管理费用的资金为 2 900万元。

根据以上排列层次分配资金,确定利源公司在预算期间的销售费用及管理费用预算,并填制利源公司在预算期间的销售费用及管理费用预算表(见表 12-6)。

表 12-6　利源公司下年销售费用及管理费用预算表

| 费用明细项目顺序 | 费用项目明细 | 金额(万元) |
|---|---|---|
| ① | 房屋租金 | |
| ② | 办公费 | |
| ③ | 差旅费 | |
| ④ | 运输费 | |
| ⑤ | 销售及管理人员工资 | |
| ⑥ | 保险费 | |
| ⑦ | 培训费 | |
| ⑧ | 广告费 | |
| 销售费用及管理费用的合计 | | |

4. 练习销售收入预算

利民公司假设只生产甲产品一种产品,经预测,下年甲产品每个季度的销售量依次为 1 000 件、1 200 件、1 400 件、1 600 件,甲产品的销售单价为 100 元。根据以往的经验,每季度销售收入的 70% 可于当季收到,其余的 30% 于下一季度收到。假定本年底应收账款的金额为 48 000 元。

根据以上资料,编制利民公司下年销售预算表(见表 12 - 7)。

表 12 - 7　利民公司下年销售预算表　　　　　　　　　　单位:元

| 摘　要 | | 第一季度 | 第二季度 | 第三季度 | 第四季度 | 全年 |
|---|---|---|---|---|---|---|
| 预计销售量(件) | | 1 000 | 1 200 | 1 400 | 1 600 | |
| 预计销售单价 | | | | | | |
| 预计销售收入 | | | | | | |
| 预计现金收入计算表 | 年初应收账款余额 | 48 000 | | | | 48 000 |
| | 第一季度销售收入 | | | | | |
| | 第二季度销售收入 | | | | | |
| | 第三季度销售收入 | | | | | |
| | 第四季度销售收入 | | | | | |
| | 现金收入合计 | | | | | |

5. 练习直接人工预算

利华公司生产甲产品,假定只有一个工种,单位产品的工时定额为 10 小时,单位工时的工资率为 10 元/小时。预算下年四个季度生产量分别为:2 000 件、2 100 件、2 200 件、2 300 件。根据资料,编制下年直接人工预算表,见表 12 - 8。

表 12 - 8　利华公司下年直接人工预算表

| 摘　要 | 第一季度 | 第二季度 | 第三季度 | 第四季度 | 全年 |
|---|---|---|---|---|---|
| 预计生产量(件) | 2 000 | 2 100 | 2 200 | 2 300 | 8 600 |
| 单位产品工时定额(工时/件) | 10 | 10 | 10 | 10 | 10 |
| 需用直接人工(小时) | | | | | |
| 小时工资率(元/小时) | 10 | 10 | 10 | 10 | 10 |
| 预计直接人工成本总额(元) | | | | | |

八、综合分析题(共 1 题)

利昌公司按年分季编制现金预算,有关资料如下:

(1) 利昌公司下年销售预算资料见表 12 - 9。

表 12 - 9 利昌公司下年销售预算表 单位:元

| 摘要 | | 第一季度 | 第二季度 | 第三季度 | 第四季度 | 全年 |
|---|---|---|---|---|---|---|
| 预计销售量(件) | | 2 900 | 3 000 | 3 100 | 3 200 | 12 200 |
| 预计销售单价 | | 200 | 200 | 200 | 200 | 200 |
| 预计销售收入 | | 580 000 | 600 000 | 620 000 | 640 000 | 2 440 000 |
| 预计现金收入计算表 | 年初应收账款余额 | 30 000 | | | | 30 000 |
| | 第一季度销售收入 | 406 000 | 174 000 | | | 580 000 |
| | 第二季度销售收入 | | 420 000 | 180 000 | | 600 000 |
| | 第三季度销售收入 | | | 434 000 | 186 000 | 620 000 |
| | 第四季度销售收入 | | | | 568 000 | 568 000 |
| | 现金收入合计 | 436 000 | 594 000 | 614 000 | 754 000 | 2 398 000 |

(2) 利昌公司下年直接材料预算资料见表 12 - 10。

表 12 - 10 利昌公司下年直接材料预算表 单位:公斤

| 摘 要 | | 第一季度 | 第二季度 | 第三季度 | 第四季度 | 全年 |
|---|---|---|---|---|---|---|
| 预计生产量(件) | | 2 000 | 2 100 | 2 200 | 2 300 | 8 600 |
| 材料单耗 | | 10 | 10 | 10 | 10 | 10 |
| 生产用量 | | 20 000 | 21 000 | 22 000 | 23 000 | 86 000 |
| 加:预计期末库存量 | | 2 000 | 1 000 | 2 000 | 3 000 | 8 000 |
| 材料需要量 | | 22 000 | 22 000 | 24 000 | 26 000 | 94 000 |
| 减:预计期初库存量 | | 2 000 | 2 000 | 4 000 | 6 000 | 14 000 |
| 材料采购量 | | 20 000 | 20 000 | 20 000 | 20 000 | 80 000 |
| 材料单位成本(元) | | 10 | 10 | 10 | 10 | 10 |
| 预计材料采购金额(元) | | 200 000 | 200 000 | 200 000 | 200 000 | 800 000 |
| 预计现金支出计算表 | 应付账款年初金额(元) | 50 000 | | | | 50 000 |
| | 第一季度采购款(元) | 80 000 | 120 000 | | | 200 000 |
| | 第二季度采购款(元) | | 80 000 | 120 000 | | 200 000 |
| | 第三季度采购款(元) | | | 80 000 | 120 000 | 200 000 |
| | 第四季度采购款(元) | | | | 80 000 | 80 000 |
| | 现金支出合计(元) | 130 000 | 200 000 | 200 000 | 200 000 | 730 000 |

（3）利昌公司下年直接人工预算资料见表12－11。

表 12－11  利昌公司下年直接人工预算表

| 摘　要 | 第一季度 | 第二季度 | 第三季度 | 第四季度 | 全年 |
|---|---|---|---|---|---|
| 预计生产量（件） | 2 000 | 2 100 | 2 200 | 2 300 | 8 600 |
| 单位产品工时定额（工时/件） | 10 | 10 | 10 | 10 | 10 |
| 需用直接人工（小时） | 20 000 | 21 000 | 22 000 | 23 000 | 86 000 |
| 小时工资率（元/小时） | 15 | 15 | 15 | 15 | 15 |
| 预计直接人工成本总额（元） | 300 000 | 315 000 | 330 000 | 345 000 | 1 290 000 |

（4）利昌公司下年制造费用预算预计现金支出资料见表12－12。

表 12－12  利昌公司下年制造费用预计现金支出表　　单位:元

| 摘　要 | 第一季度 | 第二季度 | 第三季度 | 第四季度 | 全年 |
|---|---|---|---|---|---|
| 预计生产量（件） | 2 000 | 2 100 | 2 200 | 2 300 | 8 600 |
| 变动制造费用现金支出 | 4 500 | 4 800 | 5 000 | 5 500 | 19 800 |
| 固定制造费用现金支出 | 1 500 | 1 500 | 1 500 | 1 500 | 6 000 |
| 预计制造费用现金支出总额 | 6 000 | 6 300 | 6 500 | 7 000 | 25 800 |

（5）利昌公司下年销售及管理费用预计现金支出资料见表12－13。

表 12－13  利昌公司下年销售费用及管理费用预计现金支出表　　单位:元

| 摘　要 | 第一季度 | 第二季度 | 第三季度 | 第四季度 | 全年 |
|---|---|---|---|---|---|
| 预计销售量（件） | 2 900 | 3 000 | 3 100 | 3 200 | 12 200 |
| 变动销售及管理费用现金支出 | 2 900 | 3 000 | 3 100 | 3 200 | 12 200 |
| 固定销售及管理费用现金支出 | 5 950 | 5 950 | 5 950 | 5 950 | 23 800 |
| 预计销售及管理费用现金支出总额 | 8 850 | 8 950 | 9 050 | 9 150 | 36 000 |

（6）利昌公司下年资本支出预算资料见表12－14。

表 12－14  利昌公司下年资本支出预算表

| 资本支出项目 | 购置期 | 原投资额（元） | 估计使用年限（年） | 期满残值（元） |
|---|---|---|---|---|
| 车床（2 台） | 第一季度 | 30 000 | 4 | 1 000 |
| 磨床（4 台） | 第三季度 | 70 000 | 8 | 2 000 |
| 铣床（3 台） | 第四季度 | 80 000 | 10 | 2 500 |

假设下年年初现金余额为20 000元,最低现金限额范围为11 000~21 000元,超过限额范围部分的现金,公司可用于交易性金融资产投资。假设超限额现金用于交易性金融资产投资和交易性金融资产出售,转换为现金的交易税费为0,相关数据见表12-15。每季度预交所得税20 000元、预付股利12 000元。下年3月底向银行借入短期借款70 000元,银行贷款年利率6%,银行单利计息,下年12月底一次还本付息。

根据以上资料,编制利昌公司下年现金预算表,见表12-15。

**表 12-15　利昌公司下年现金预算表**　　　　　　　单位:元

| 摘要 | 资料来源 | 第一季度 | 第二季度 | 第三季度 | 第四季度 | 全年 |
|---|---|---|---|---|---|---|
| 期初现金余额 | | 20 000 | | | | 20 000 |
| 加:现金收入 | | | | | | |
| 　销货现金收入 | | | | | | |
| 可动用现金合计 | | | | | | |
| 减:现金支出 | | | | | | |
| 　直接材料 | | | | | | |
| 　直接人工 | | | | | | |
| 　制造费用 | | | | | | |
| 　销售及管理费用 | | | | | | |
| 　资本支出 | | | | | | |
| 　支付所得税 | | | | | | |
| 　支付股利 | | | | | | |
| 现金支出合计 | | | | | | |
| 现金多余或不足 | | | | | | |
| 向银行借款(年利6%) | | 70 000 | | | | 70 000 |
| 归还借款 | | | | | 70 000 | 70 000 |
| 支付借款利息 | | | | | | |
| 交易性金融资产投资 | | | 35 000 | | 10 000 | |
| 出售交易性金融资产 | | | | 35 000 | | |
| 期末现金余额 | | | | | | |

第十三章

# 财务控制

 **学习目标与要求**

❶ 了解企业财务控制的主体、客体和目标。

❷ 理解不同责任中心的划分及其评价。

❸ 熟悉责任中心之间转移价格的不同制定方法,了解国际转移定价的目标、表现形式、制定程序及制约因素。

❹ 明确财务预警系统的机制构成和构建模式,熟悉不同的财务失败预警模型。

 **学习重点与难点**

**学习重点**

❶ 不同责任中心的含义、划分及其评价;

❷ 不同转移价格的制定及选择。

**学习难点**

❶ 责任中心之间的转移价格制定的方法和国际转移价格制定的理论;

❷ 财务预警模型的建立及其应用。

 **练习题**

一、单项选择题(共 10 题,把正确的选项序号填入该题括号)

1. 各责任中心相互提供的产品采用协商定价的方式确定内部转移价格时,其协商定价的最大范围应该是 ( )

    A. 在单位成本和市价之间

    B. 在单位变动成本和市价之间

    C. 在单位成本加上合理利润以上,市价以下

    D. 在单位变动成本加上合理利润以上,市价以下

2. 为便于考核各责任中心的责任业绩,下列各项中不宜作为内部转移价格的
是　　　　　　　　　　　　　　　　　　　　　　　　　　　　　（　　）

　　A. 标准成本　　　　　　　　　　B. 实际成本

　　C. 标准变动成本　　　　　　　　D. 标准成本加成

3. 一个责任中心只着重考核其所发生的成本或费用,而不考核收入,这一类
责任中心称为　　　　　　　　　　　　　　　　　　　　　　　　（　　）

　　A. 成本中心　　　　　　　　　　B. 利润中心

　　C. 收入中心　　　　　　　　　　D. 投资中心

4. 成本中心的业绩评价是以下列哪项为重点,其目的是提高成本中心控制的
有效性　　　　　　　　　　　　　　　　　　　　　　　　　　　（　　）

　　A. 变现成本　　　　　　　　　　B. 沉没成本

　　C. 可控成本　　　　　　　　　　D. 不可控成本

5. 产品或劳务处于完全的市场竞争条件下,并有客观的市价可供采用,各责
任中心之间转让的产品或劳务应以下列哪项为基础确定转移价格　　（　　）

　　A. 完全成本　　　　　　　　　　B. 变动成本

　　C. 协商价格　　　　　　　　　　D. 市场价格

6. 以下考核指标中,使投资中心项目评估与业绩考核紧密相连,又可使用不
同的风险调整资本成本的是　　　　　　　　　　　　　　　　　　（　　）

　　A. 剩余收益　　　　　　　　　　B. 现金回收率

　　C. 投资报酬率　　　　　　　　　D. 可控成本

7. 既具有一定的弹性,又可以照顾双方利益并得到双方认可的内部转移价格
是　　　　　　　　　　　　　　　　　　　　　　　　　　　　　（　　）

　　A. 市场价格　　　　　　　　　　B. 以市场为基础的协商价格

　　C. 全部成本转移价格　　　　　　D. 变动成本加固定费价格

8. 国际转移价格制定的外部制约因素主要指的是　　　　　　　　　（　　）

　　A. 政府管制　　　　　　　　　　B. 组织形式

　　C. 业绩评价　　　　　　　　　　D. 文化背景

9. 下列不属于协商定价优点的是　　　　　　　　　　　　　　　　（　　）

　　A. 保持责任中心的独立性　　　　B. 提升公司的整体利益

　　C. 照顾协商双方的利益　　　　　D. 激励责任中心的业绩

10. 财务预警系统由基础机制和下列哪项构成　　　　　　　　　　（　　）

　　A. 组织机制　　　　　　　　　　B. 会计系统

　　C. 过程机制　　　　　　　　　　D. 风险机制

**二、多项选择题**(共 10 题,把正确的选项序号填入该题括号)

1. 责任中心根据所分配的分部决策权的不同,一般可分为　　　(　　)

   A. 成本中心　　　　　　　　　B. 资金中心

   C. 收入中心　　　　　　　　　D. 利润中心

   E. 投资中心

2. 投资中心与利润中心的区别在于　　　　　　　　　　(　　)

   A. 责任中心的层次不同　　　　B. 考核指标不同

   C. 决策权不同　　　　　　　　D. 占用资金数额不同

   E. 可控的范围不同

3. 适合于建立费用中心的单位是　　　　　　　　　　　(　　)

   A. 生产工厂　　　　　　　　　B. 研究开发部门

   C. 会计部门　　　　　　　　　D. 生产车间

   E. 人事部门

4. 用于考核投资中心的指标有　　　　　　　　　　　　(　　)

   A. 责任成本　　　　　　　　　B. 固定成本

   C. 贡献毛益　　　　　　　　　D. 投资报酬率

   E. 剩余收益

5. 转移价格的基本种类有　　　　　　　　　　　　　　(　　)

   A. 市场价格　　　　　　　　　B. 协商价格

   C. 双重价格　　　　　　　　　D. 成本加成价格

   E. 成本价格

6. 国际转移价格制定的内部制约因素包括　　　　　　　(　　)

   A. 组织形式　　　　　　　　　B. 业绩评价体系

   C. 文化背景　　　　　　　　　D. 公司规模

   E. 政府管制

7. 国际转移定价的目标包括　　　　　　　　　　　　　(　　)

   A. 降低总体税负　　　　　　　B. 强化管理控制

   C. 调节利润水平　　　　　　　D. 规避政治风险

   E. 规避通货膨胀风险

8. 财务预警系统的过程机制包括　　　　　　　　　　　(　　)

   A. 风险分析机制　　　　　　　B. 风险处理机制

   C. 风险责任机制　　　　　　　D. 风险规避机制

   E. 风险保留机制

9. 市场价格转移定价的优点在于　　　　　　　　　　　(　　)

A. 比较客观　　　　　　　　B. 可比性强

C. 重视成本数据　　　　　　D. 发挥责任中心积极性

E. 稳定性高

10. 财务预警系统按多部门负责方式构建,主要由下列哪些部门分别负责

（　　）

A. 财务部门　　　　　　　　B. 销售部门

C. 生产部门　　　　　　　　D. 供应部门

E. 服务部门

**三、判断改错题**(共 10 题,在该题括号中,错的打"×"并改正,对的打"√")

1. 一般而言,变动成本和直接成本都是可控成本,而固定成本和间接成本都是不可控成本。　　　　　　　　　　　　　　　　　　　（　　）

2. 为了便于评价、考核各责任中心的业绩,对一责任中心提供给另一责任中心的产品,其供应方和使用方所采用的转移价格可以不同。　　　（　　）

3. 一个部门或责任中心是否为利润中心,关键的因素是看有没有独立的经营决策权。　　　　　　　　　　　　　　　　　　　　　　　（　　）

4. 一个成本中心的不可控成本,往往也是另一个成本中心的不可控成本。

（　　）

5. 对于无外部市场的中间产品来说,协商确定的转移价格不失为一种行之有效的和必要的内部转移价格。　　　　　　　　　　　　　　　（　　）

6. 财务控制主要是企业经营者和财务部门的职责。　　　　　（　　）

7. 制定内部转移价格的目的是将其作为一种价格以引导下级部门进行明智决策,并防止成本转移带来部门间责任不清的问题。　　　　　　（　　）

8. 国际转移定价不受市场一般供求关系的影响,以跨国公司全球战略和谋求最大限度的利润为目标。　　　　　　　　　　　　　　　　（　　）

9. Z 记分模型是一种单变量财务失败预警模型。　　　　　　（　　）

10. 企业出现财务失败的主要原因在于企业经营者决策失误。　（　　）

**四、填空题**(共 5 题)

1. 财务控制的目标是＿＿＿＿＿＿＿＿＿。

2. 成本中心有两种类型,即标准成本中心和＿＿＿＿＿＿＿。

3. ＿＿＿＿＿＿＿＿是最常用的考核投资中心业绩的指标。

4. 以市场为基础的定价方法又可分为完全市场价格法和＿＿＿＿＿＿＿。

5. 经常作为协商定价基础的是＿＿＿＿＿＿＿和市场价格。

**五、名词解释题**(共 5 题)

1. 成本中心

2. 双重定价法

3. 协商定价法

4. 国际转移价格

5. Z记分模型（Z-Score Model）

## 六、简答题(共 5 题)

1. 简述责任中心的划分。

2. 转移价格的常见制定方法有哪几种？

3. 跨国公司制定转移价格的目标有哪些？

4. 国际转移价格的表现形式有哪几种？

5. 简述财务预警系统的构建模式。

## 七、计算题(共 5 题)

1. 某企业甲、乙中心有关投资和利润资料如表 13-1。

表 13-1　企业甲、乙中心有关投资和利润资料　　　单位:万元

| 投资中心 | 利润 | 投资 | 投资利润率 |
|---|---|---|---|
| 甲 | 150 | 1 000 | 15% |
| 乙 | 90 | 1 000 | 9% |
| 全企业 | 240 | 2 000 | 12% |

现甲投资中心面临一个投资机会,该投资机会的投资额为 1 000 万元,预期投资可获利润为 130 万元,乙投资中心也面临一个投资机会,投资额为 1 500 万元,预期可获利润为 150 万元。已知该企业规定的投资报酬率为 12%。

要求:对甲、乙投资中心是否接受各自的投资机会作出决策。

2. 某公司下属有一个制造厂,系投资中心,该厂每年需要向外界某厂商购进甲零件 50 万只,其购进单价为 14 元(原单价为 15 元,由于大量采购可获得折扣每只 1 元)。最近该公司收购一家专门生产甲零件的工厂,作为公司的另一投资中心,该工厂每年能生产甲零件 200 万只,除可供本公司制造厂使用外,还可向外界出售。甲零件的单位成本资料如下:

| 直接材料 | 4 元 |
|---|---|
| 直接人工 | 3 元 |
| 变动制造费用 | 2 元 |
| 固定制造费用(按 200 万只分摊) | 1 元 |
| 单位成本合计 | 10 元 |

该公司正在研究制定这两个投资中心的甲零件的内部转让价格问题,现有以下 5 种价格可供选择:15 元、14 元、11 元、10 元、9 元。

要求:根据以上资料,对上述5种价格逐一加以分析,并说明是否适当,理由是什么?

3. 某企业下设投资中心A和投资中心B,该公司加权平均最低投资利润率为10%,现有两个中心需追加投资,有关资料如表13-2所示。计算并填列表中的空白之处,并简单评析哪个投资中心应追加投资。

表13-2　企业A、B中心有关投资报酬率资料　　　　单位:万元

| 项　　目 | | 投资额 | 利润 | 投资报酬率 | 剩余收益 |
|---|---|---|---|---|---|
| 追加投资前 | A | 20 | 1 | | |
| | B | 30 | 4.5 | | |
| | | 50 | 5.5 | | |
| 投资中心A 追加投资 10万元 | A | 30 | 1.8 | | |
| | B | 30 | 4.5 | | |
| | | 60 | 6.3 | | |
| 投资中心B 追加投资 20万元 | A | 20 | 1 | | |
| | B | 50 | 7.4 | | |
| | | 70 | 8.4 | | |

4. 某公司下设A、B两个投资中心。A投资中心的营业资产为200万元,投资报酬率为15%;B投资中心的投资报酬率为17%,剩余收益为20万元;该公司的资本成本为12%。公司决定追加营业资产投资100万元,若投向A投资中心,每年可增加息税前利润20万元,若投向B投资中心,每年可增加息税前利润15万元。

要求:

(1) 计算追加投资前A投资中心的剩余收益。

(2) 计算追加投资前B投资中心的营业资产额。

(3) 计算追加投资前该公司的投资报酬率。

(4) 若A投资中心接受追加投资,计算其剩余收益。

(5) 若B投资中心接受追加投资,计算其投资报酬率。

5. 东方公司下设甲、乙两个投资中心,有关资料如表13-3。

**表 13-3 甲、乙两个投资中心有关资料** 单位:元

| 投资中心 | 甲中心 | 乙中心 | 总公司 |
|---|---|---|---|
| 边际贡献额 | 100 000 | 450 000 | 550 000 |
| 资产平均占用额 | 2 000 000 | 3 000 000 | 5 000 000 |
| 总公司规定的投资贡献率 | — | — | 10% |
| 投资报酬率 | 5% | 15% | 11% |
| 剩余收益额 | −100 000 | 150 000 | 50 000 |

现有两个追加投资的方案可供选择:

一、若甲中心追加投入 1 000 000 元经营资产,每年将增加 80 000 元边际贡献额;

二、若乙中心追加投入 2 000 000 元经营资产,每年将增加 290 000 元边际贡献额。

假定资金供应有保证,剩余资金无法用于其他方面,暂不考虑剩余资金的机会成本。

要求:

(1) 列表计算甲中心追加投资后各中心的投资贡献率和剩余收益额指标及总公司新的投资报酬率和剩余收益额指标。

(2) 列表计算乙中心追加投资后各中心的投资贡献率和剩余收益额指标及总公司新的投资报酬率和剩余收益额指标。

(3) 根据投资报酬率指标,分别从甲、乙中心和总公司的角度评价上述追加投资方案的可行性,并据此评价该指标。

(4) 根据剩余收益额指标,分别从甲、乙中心和总公司的角度评价上述追加投资方案的可行性,并据此评价该指标。

## 八、综合分析题(共 2 题)

1. 某公司有甲、乙两个投资中心。甲投资中心的年最大生产量为 100 000 件,生产的甲产品既可作为乙投资中心的原材料,也可以直接在市场上出售,目前市场价格是每件 40 元。乙投资中心每年需要甲产品 40 000 件,可以从甲投资中心或市场购入。其他资料如下:

乙投资中心生产的乙产品的市场单价 100 元

单位变动成本:

　　甲投资中心 30 元

　　乙投资中心 60 元

固定成本:

| | |
|---|---|
| 甲投资中心 | 600 000 元 |
| 乙投资中心 | 200 000 元 |

要求：

(1) 该公司应采用何种内部转移价格？

(2) 假设甲投资中心的甲产品最多能对外销售 60 000 件,在这种情况下,采用何种内部转移价格为宜？

(3) 假设甲投资中心对外销售甲产品,每件需支付 0.3 元的销售费用,而内部转移不需支付销售费用。乙投资中心从外部市场购买甲产品也不需支付运杂费,在这种情况下,宜采用何种内部转移价格？

2. 2005 年 5 月,科龙电器遭到了中国证监会的立案调查。早在科龙电器公布的 2004 年年报中,存在高达 6 000 多万元的亏损额,这与 2004 年前三季度还盈利 2 亿多元的情况可谓天壤之别,科龙财务危机开始浮出水面。

科龙危机爆发前后有关财务数据如表 13-4 所示。

表 13-4 科龙电器 2002~2005 年有关财务资料　　　　单位:元

| 财务数据 | 2002 年 | 2003 年 | 2004 年 | 2005 年 |
|---|---|---|---|---|
| 流动资产 | 4 862 868 408 | 6 033 869 860 | 7 513 785 536 | 2 868 356 029 |
| 总资产 | 7 656 539 329 | 9 432 791 214 | 11 160 351 150 | 5 369 712 592 |
| 流动负债 | 4 068 730 484 | 5 779 561 003 | 8 145 024 920 | 6 146 159 429 |
| 未分配利润 | -1 211 930 161 | 184 436 195 | -88 877 490 | -3 800 717 444 |
| 盈余公积 | 343 742 703 | 114 580 901 | 114 580 901 | 114 580 901 |
| 税前利润 | 103 919 721 | 220 003 504 | -232 535 800 | -3 782 339 728 |
| 主营业务收入 | 4 878 257 017 | 6 168 109 963 | 7 923 000 768 | 6 978 371 717 |
| 财务费用 | 75 536 164 | 100 397 258 | 127 457 832 | 166 678 614 |
| 负债总额 | 4 859 319 183 | 6 386 693 815 | 8 231 710 320 | 6 220 082 854 |
| 每股市价 | 6.74 | 6.68 | 4.47 | 2.13 |
| 股数 | 992 006 560 | 992 006 560 | 992 006 560 | 992 006 560 |

要求:采用 Z 记分模型计算科龙的 Z 值,对科龙进行财务预警。

# 第十四章

# 资产估价

## ✎ 学习目标与要求

❶ 了解企业债券、股票及企业整体的估价方法。

❷ 了解资产估价技术广泛应用于证券投资、企业收购与兼并分析等。

❸ 掌握债券价值的不同表现形式,掌握债券估价的基本模型,及其不同还本付息条件下的债券股价模型和贴现发行的债券股价模型。

❹ 理解债券价值和到期日之间的关系。

❺ 掌握股票价值的不同形式,进一步熟练掌握不同投资期限和公司股利政策下的股票估价模型等。

❻ 一般掌握企业整体股价的方法。

## ✎ 学习重点与难点

### 学习重点

❶ 债券、股票价值的不同形式;

❷ 不同还本付息条件下的债券股价模型和贴现发行的债券股价模型;

❸ 投资期限和公司股利政策不同的股票估价模型;

❹ 企业整体股价的方法。

### 学习难点

❶ 有价证券的估价模型;

❷ 企业整体股价方法,主要是现金流量贴现法及运用该法涉及的预测期限、各年净现金流量和折现率等指标如何确定问题。

## ✎ 练习题

一、单项选择题(共 10 题,把正确的选项序号填入该题括号)

  1. 贴现发行的债券也称                                  (    )

A. 低利率债券　　　　　　　B. 无面值债券

C. 连续计息债券　　　　　　D. 零息债券

2. 当债券的票面利率小于市场利率时,债券应　　　　　　　　（　　）

A. 按面值发行　　　　　　　B. 溢价发行

C. 折价发行　　　　　　　　D. 向外部发行

3. 当债券的票面利率等于市场利率时,债券应　　　　　　　　（　　）

A. 按面值发行　　　　　　　B. 溢价发行

C. 折价发行　　　　　　　　D. 向外部发行

4. ABC 公司每股盈利为 0.8 元,市盈率为 15,按市盈率法计算,该公司股票的每股价格为　　　　　　　　　　　　　　　　　　　　　　　　（　　）

A. 12.00 元　　　　　　　　B. 14.20 元

C. 15.80 元　　　　　　　　D. 18.75 元

5. 债券的价格会随着到期日的来临而逐渐趋近于下列哪种价值　　（　　）

A. 发行价值　　　　　　　　B. 票面价值

C. 折现价值　　　　　　　　D. 市场价值

6. 现金流量贴现法确定被并购企业价值,通常确定企业近几年的现金净流量现值计算,其后的现金流量可以采用下列哪种方法简化计算　　　　（　　）

A. 一般复利现值　　　　　　B. 普通年金现值

C. 先付年金现值　　　　　　D. 永续年金现值

7. 下列关于长期持有、股利固定增长股票的表述错误的有　　　　（　　）

A. 这类股票价格的假设条件之一是股利按固定的年增长率增长

B. 这类股票价格的假设条件之一是股利增长率总是低于折现率,即投资者期望的报酬率

C. 各期的股利折成现值再相加,即可求得普通股的内在价值

D. 这类股票价格的假设条件之一是每年股利发放率相等

8. 决定是否进行某种股票投资,可以用股票的内在价值与下列哪种价值相比较　　　　　　　　　　　　　　　　　　　　　　　　　　　　（　　）

A. 票面价值　　B. 清算价值　　C. 现行市价　　D. 投资价值

9. C 公司股票上年的股利为每股 3 元,预计以后每年以 4% 的增长率增长。假设该公司要求的必要收益率为 12%,其股票价值为　　　　　　　（　　）

A. 39.00 元　　B. 37.50 元　　C. 26.00 元　　D. 30.00 元

10. 不属于企业的自由现金流量的构成是　　　　　　　　　　　（　　）

A. 债券持有者的现金流量　　B. 管理者的现金流量

C. 普通股东的现金流量　　　D. 优先股东的现金流量

**二、多项选择题**（共 10 题,把正确的选项序号填入该题括号）

1. 某企业准备发行 3 年期企业债券,每半年付息一次,票面年利率 6%,面值 1 000 元,平价发行,以下关于该债券的说法中,正确的是　　　　　（　　）

　A. 债券实际利率为 6%　　　　　B. 债券年实际报酬率是 6.09%

　C. 债券名义利率是 6%　　　　　D. 债券名义利率与名义报酬率相等

　E. 市场利率是 6%

2. 下列各项中,能够影响债券内在价值的因素有　　　　　（　　）

　A. 债券的价格　　　　　B. 债券是单利还是复利

　C. 投资者的必要报酬率　　　　　D. 票面利率

　E. 债券的付息方式（是分期付息还是到期一次付息）

3. 股票投资能带来的现金流入量是　　　　　（　　）

　A. 资本利得　　　　　B. 股利

　C. 利息　　　　　D. 出售价格

　E. 账面价格

4. 投资债券能带来的现金流入量是　　　　　（　　）

　A. 交易费用　　　　　B. 交易税金

　C. 利息　　　　　D. 出售价格

　E. 票面价值

5. 债券价值的不同形式包括　　　　　（　　）

　A. 债券的票面价值　　　　　B. 债券的内在价值

　C. 债券的发行价格　　　　　D. 债券的市场价格

　E. 债券的公允价值

6. 股票价值的不同形式包括　　　　　（　　）

　A. 股票的票面价值　　　　　B. 股票的内在价值

　C. 股票的账面价值　　　　　D. 股票的发行价格

　E. 股票的市场价格

7. 增加企业自有现金流量的项目是　　　　　（　　）

　A. 资本支出　　　　　B. 折旧

　C. 营运资本增加　　　　　D. 利息费用

　E. 净利润增加

8. 影响股票内在价值的主要因素是　　　　　（　　）

　A. 票面价值　　　　　B. 预期持有期数

　C. 出售价格　　　　　D. 折现率

　E. 每期预期股利

9. 采用现金流量贴现法确定企业价值时的关键因子是　　（　　）

A. 预测期限　　　　　　　　　B. 预期现金净流量

C. 折现率　　　　　　　　　　D. 企业账面价值

E. 预测期末终值

10. 目前国际上通行的资产估价标准有　　　　　　　（　　）

A. 清算价值　　　　　　　　　B. 续营价值

C. 账面价值　　　　　　　　　D. 公平价格

E. 市场价格

**三、判断改错题**（共 10 题，在该题括号中，错的打"×"并改正，对的打"√"）

1. 债券票面利息要根据债券面值和实际利率来计算。　　（　　）

2. 债券以何种价格方式发行主要是取决于票面利率与市场利率的差异或一致程度。　　（　　）

3. 如不考虑风险，当债券价值大于市价时，债券具有投资价值。（　　）

4. 即使票面利率和期限相同的两种债券，由于付息方式不同，投资人的实际经济利益亦有差别。　　（　　）

5. 如果不考虑影响股价的其他因素，零成长股票的价值与市场利率成正比，与预期股利成反比。　　（　　）

6. 清算价值是指在公司出现财务危机而破产或歇业清算时，把公司中的实物资产逐个分离而单独出售时的资产价值。　　（　　）

7. 购并方式下企业评估价值应是企业净资产公允价值。　（　　）

8. 从长期来看，公司股利的固定增长率（扣除通货膨胀因素）不应超过公司的资本成本率。　　（　　）

9. 企业价值评估的现金流量贴现法下的各年现金净流量是指属于普通股股东的现金流量。　　（　　）

10. 续营价值是指在保持企业未来持续经营的条件下，以其所有资产的贴现值为基础来评估公司资产的价值。　　（　　）

**四、填空题**（共 5 题）

1. 我国《证券法》规定公司所发行的累积债券余额不超过公司净资产的＿＿＿＿＿＿＿＿＿。

2. 债券的＿＿＿＿＿＿是指投资者投资债券所能带来的利息收入与收回的面值按照其要求的报酬率进行折现后的现值。

3. 无论实际生活中债券的价格如何随市场利率的变化而起伏不定，债券的价格都会随到期日的临近而趋近于＿＿＿＿＿＿。

4. 长期持有、股利固定稳定不变的股票价值是＿＿＿＿＿＿的现值。

5. 市盈率是股票＿＿＿＿＿＿＿＿＿与每股收益之比。

**五、名词解释题**(共 5 题)

1. 股票的内在价值

2. 股票的账面价值

3. 现金流量贴现法

4. 资产基准法

5. 业务分拆法

**六、简答题**(共 5 题)

1. 简述债券价值与价格之间的变动规律。

2. 简述债券价值的不同形式。

3. 简述股票价值的不同形式。

4. 简述企业整体估价的市场比较法的评估步骤。

5. 简述企业整体估价的现金流量贴现法的因子及其确定。

**七、计算题**(共 5 题)

1. ABC 公司拟发行债券,债券面值为 100 元,期限 5 年,票面利率为 8%,每年付息一次,到期还本。若发行债券时的市场利率为 10%,债券发行费用为发行额的 0.5%,该公司适用的所得税税率为 30%,则该债券的资本成本为多少?$(P/F, 8\%, 5=0.681)$;$(P/F, 10\%, 5=0.621)$;$(P/A, 8\%, 5=3.993)$;$(P/A, 10\%, 5=3.791)$。(计算过程保留小数点后三位,计算结果保留小数点后两位)

2. ABC 公司在本年 1 月 1 日发行 5 年期债券,面值 1 000 元,票面利率 10%,于每年 12 月 31 日付息,到期一次还本。

要求:

(1) 假定本年 1 月 1 日金融市场上与该债券同类风险投资的利率是 9%,该债券的发行价格应定为多少?

(2) 假定一年后债券的市场价格为 1 049.06 元,该债券于下年 1 月 1 日的到期收益率是多少?

3. 甲公司准备购入 A、B、C 三个公司的股票,经市场分析认为:A 公司的股票适合短期持有,B 和 C 公司的股票适合长期持有。预测 A 公司股票一年后每股发放股利 4 元,发放股利后的价格将达到每股 36 元。B 公司的股票为优先股,年股利为每股 2.7 元。C 公司股票上年的股利为每股 3 元,预计以后每年以 4% 的增长率增长。假设对 A、B、C 公司投资要求的必要收益率为 12%。

要求:对 A、B、C 三个公司的股票进行估价。(计算结果保留小数点后两位)

4. 东方公司拟进行证券投资,备选方案的资料如下:

(1) 购买 A 公司债券。A 公司债券的面值为 100 元,期限为 2 年,票面利率为

8%,每年付息一次,到期还本,当前的市场利率为10%,东方公司按照A公司发行价格购买。

(2) 购买B公司股票。B公司股票现行市价为每股14元,基年每股股利为0.9元,预计以后每年以6%的固定增长率增长。

(3) 购买C公司股票。C公司股票现行市价为每股13元,基年每股股利为1.5元,股利分配将一直实行固定股利政策。假设东方公司股票投资的期望报酬率为12%。$(P/F,10\%,2=0.826)$;$(P/A,10\%,2=1.736)$。

要求:

(1) 计算A公司债券的发行价格;

(2) 计算B公司股票的内在价值;

(3) 计算C公司股票的内在价值;

(4) 根据上述计算结果,分析东方公司是否应投资B、C股票。(计算结果保留小数点后两位)

5. 某公司进行一项股票投资,需要投入资金200 000元,该股票准备持有5年,每年可获得现金股利10 000元。根据调查分析,该股票的β系数为1.5,目前市场上国库券的利率为6%,股票市场风险报酬率为4%。

要求:

(1) 计算该股票的预期报酬率;

(2) 计算股票5年后市值等于或大于多少时,现在才值得购买。

**八、综合分析题**(共1题)

1. 甲公司拟进行证券投资,若投资人要求的实际年必要报酬率为6%(复利,按年计息),备选方案的资料如下:

(1) A公司债券,债券面值为1 000元,5年期,票面利率为8%,每年付息一次,到期还本,债券发行价格为1 105元,则A公司债券的价值与到期收益率为多少,能否购买?

(2) B公司债券,债券面值为1 000元,5年期,票面利率为8%,单利计息,到期一次还本付息,债券发行价格为1 105元,则B公司债券的价值与到期收益率(复利,按年计息)为多少,能否购买?

(3) C公司债券属于纯贴现债券,债券面值为1 000元,5年期,债券发行价格为600元,期内不付息,到期还本,则C公司债券的价值与到期收益率为多少,能否购买?

(4) D公司股票为固定成长股票,年增长率为4%,预计一年后股利为0.6元,现行一年期国库券利率为3%,市场平均收益率为5%,该股票的β系数为1.2,当前市价为每股42元,则D公司股票的价值为多少,能否购买?

# 第十五章

# 财务分析

 **学习目标与要求**

❶ 掌握财务分析的基本比率、财务综合分析的方法、企业价值创造分析的方法。

❷ 熟练运用这些方法对企业的财务状况、现金流量、经营成果和企业所有者权益变化情况进行分析。

❸ 熟悉、掌握分析企业的偿债能力、营运能力、盈利能力、增长能力和财务综合能力的指标与方法。

 **学习重点与难点**

**学习重点**

❶ 基本财务比率分析,包括偿债能力比率分析、营运能力比率分析、盈利能力比率分析和增长能力比率分析;

❷ 财务综合分析,包括沃尔财务状况综合评价法和国有资本金绩效评价体系、杜邦财务分析体系。

**学习难点**

❶ 财务综合分析;

❷ 企业价值创造分析。

 **练习题**

**一、单项选择题**(共 10 题,把正确的选项序号填入该题括号)

1. 下列指标中,属于效率比率的是 　　　　　　　　　　( 　)

　 A. 流动比率

　 B. 总资产报酬率

　 C. 资产负债率

    D. 流动资产占全部资产的比重

2. 某企业现在的流动比率为 2∶1,引起该比率降低的经济业务是 （ ）

    A. 收回应收账款

    B. 银行承兑汇票质押借款

    C. 发行股票款存入银行

    D. 用银行存款偿还应付账款

3. 如果流动资产大于流动负债,则月末用现金偿还一笔应付账款会使（ ）

    A. 营运资金减少         B. 营运资金增加

    C. 流动比率提高         D. 流动比率降低

4. 下列有关每股收益说法正确的有 （ ）

    A. 每股收益是衡量上市公司盈利能力的指标

    B. 每股收益多的公司股票所含的风险小

    C. 每股收益多意味每股股利高

    D. 每股收益多,公司市盈率就高

5. 属于综合财务分析方法的有 （ ）

    A. 比率分析法         B. 比较分析法

    C. 趋势分析法         D. 杜邦分析法

6. 如果企业速动比率很小,下列结论成立的是 （ ）

    A. 企业流动资产占用过多

    B. 企业短期偿债能力很强

    C. 企业短期偿债风险很大

    D. 企业资产流动性很强

7. 下列各项业务中,可能导致企业资产负债率变化的经济业务是 （ ）

    A. 收回应收账款

    B. 用现金购买债券

    C. 接受投资转入的固定资产

    D. 以固定资产对外投资

8. 通过分析企业流动资产与流动负债之间的关系可以判断企业的 （ ）

    A. 短期偿债能力         B. 长期偿债能力

    C. 盈利能力         D. 营运能力

9. 如果流动比率大于 1,则下列结论成立的是 （ ）

    A. 速动比率大于 1

    B. 现金比率大于 1

    C. 营运资金大于 0

D. 短期偿债能力绝对有保障

10. 依资产负债表可以计算的比率是　　　　　　　　　　　　　　（　　）

A. 应收账款周转率　　　　　　B. 总资产报酬率

C. 利息保障倍数　　　　　　　D. 现金比率

**二、多项选择题**（共 10 题，把正确的选项序号填入该题括号）

1. 财务分析的主体包括　　　　　　　　　　　　　　　　　　　（　　）

A. 企业经营者　　　　　　　　B. 企业债权人

C. 政府管理部门　　　　　　　D. 企业供应商和客户

E. 企业所有者或潜在投资者

2. 投资者主要关心的比率有　　　　　　　　　　　　　　　　　（　　）

A. 股利支付率　　　　　　　　B. 资产负债率

C. 净资产利润率　　　　　　　D. 总资产周转率

E. 总资产报酬率

3. 下列属于速动资产的项目有　　　　　　　　　　　　　　　　（　　）

A. 货币资金　　　　　　　　　B. 交易性金融资产

C. 应收账款　　　　　　　　　D. 应付账款

E. 存货

4. 财务分析的作用在于　　　　　　　　　　　　　　　　　　　（　　）

A. 评价企业过去　　　　　　　B. 反映企业现状

C. 预测企业未来　　　　　　　D. 进行全面分析

E. 进行专题分析

5. 在以下比率中，依资产负债表计算的比率是　　　　　　　　　（　　）

A. 流动比率　　　　　　　　　B. 存货周转率

C. 资产负债率　　　　　　　　D. 营运资产周转率

E. 产权比率

6. 某企业流动比率为 2，使该比率下降的业务是　　　　　　　　（　　）

A. 赊销商品　　　　　　　　　B. 偿还应付账款

C. 收回应收账款　　　　　　　D. 赊购商品与材料

E. 取得短期借款已入账

7. 资产负债率，对其正确的评价主要有　　　　　　　　　　　　（　　）

A. 从债权人角度看，资产负债率越高越好

B. 从债权人角度看，资产负债率越低越好

C. 从股东角度看，资产负债率越高越好

D. 从股东角度看，当全部资本利润率高于债务利息率时，资产负债率越高越好

E. 从管理者角度看,资产负债率越高越好

8. 计算速动比率时,从流动资产中扣除存货的重要原因是 （　　）

  A. 存货的价值较大     B. 存货的价值较小

  C. 存货的变现能力较弱   D. 存货的变现能力不稳定

  E. 存货的质量难以保障

9. 在其他情况不变的条件下,缩短应收账款周转天数,则有利于企业 （　　）

  A. 提高短期偿债能力   B. 缩短现金周期

  C. 减少资金占用     D. 扩大销售规模

  E. 缩短营运周期

10. 下列各项指标中可用于分析企业长期偿债能力的有 （　　）

  A. 流动比率      B. 资产负债率

  C. 产权比率      D. 利息保障倍数

  E. 速动比率

**三、判断改错题**(共 10 题,在该题括号中,错的打"✕"并改正,对的打"✓")

1. 盈利能力分析是以利润表为基础的,偿债能力分析是以资产负债表为基础的。 （　　）

2. 企业的应收账款增长率超过销售收入增长率,属于正常现象。 （　　）

3. 市盈率越高,说明公司的盈利能力越强。 （　　）

4. 净资产收益率是杜邦分析体系的核心指标。 （　　）

5. 资产周转次数越大越好,周转天数越短越好。 （　　）

6. 资产负债率与产权比率的乘积等于1。 （　　）

7. 应收账款周转率过高或过低对企业可能都不利。 （　　）

8. 一般而言,利息保障倍数越大,企业偿还长期债务利息的可能性越大。 （　　）

9. 在其他因素不变的情况下,权益乘数越大则财务杠杆系数越大。 （　　）

10. 尽管流动比率可以反映企业的短期偿债能力,但却存在有的企业流动比率较高,却没有能力支付到期的应付账款。 （　　）

**四、填空题**(共 5 题)

1. 权益乘数主要受资产负债率的影响,反映所有者权益与_____的关系。

2. 净资产收益率＝销售净利率×_____×权益乘数。

3. EVA 价值模式是以_____为导向,使用的主要是经过调整的财务数据,作为评价指标。

4. 计算 EVA 的资本占用额:股权资本加债务资本收益率,再减_____。

5. 因素分析法具体有两种:一是连环替代法;二是_____。

**五、名词解释题**(共 5 题)

1. 每股收益

2. 比率分析法

3. 杜邦分析法

4. 利息保障倍数

5. 趋势分析法

**六、简答题**(共 5 题)

1. 反映企业短期偿债能力的指标有哪些？

2. 财务分析的含义是什么？

3. 财务分析的内容包括哪些方面？

4. 财务综合分析的含义是什么？

5. 反映企业盈利能力的指标主要有哪些？

**七、计算题**(共 10 题)

1. 某企业营业收入为 400 万元,营业成本为 320 万元;年初、年末应收账款余额分别为 20 万元和 40 万元;年初、年末存货余额分别为 20 万元和 60 万元;年末速动比率为 2,年末流动负债为 80 万元。假定该企业流动资产由速动资产和存货组成,一年按 360 天计算。

要求:

(1) 计算应收账款周转天数;

(2) 计算存货周转天数;

(3) 计算年末速动资产余额;

(4) 计算年末流动比率。

2. 某企业年末流动负债为 40 万元,速动比率为 1.5,流动比率为 2,营业成本为 60 万元。已知年初和年末的存货相同。

要求:计算存货周转率。

3. 假定某公司速动资产仅为货币资产与应收账款,全部资产仅为流动资产和固定资产,财务报表中部分资料如下:

| | |
|---|---|
| 货币资产 | 150 000(元) |
| 固定资产 | 425 250(元) |
| 销售收入 | 1 500 000(元) |
| 净利润 | 75 000(元) |
| 速动比率 | 2 |
| 流动比率 | 3 |
| 平均收账期 | 40(天) |

要求计算:

(1)应收账款;(2)流动负债;(3)流动资产;(4)总资产;(5)资产净利率。

4. 从 FF 公司本年的财务报表可以获得以下信息:本年资产期末总额为 2 560 万元,负债期末总额为 1 280 万元;本年度销售收入为 10 000 万元,利润额为 800 万元,企业所得税税率为 25%。

要求:分别计算销售净利率、资产周转率、年末权益乘数和净资产收益率。

5. 某公司本年度有关资料见表 15 - 1。

表 15 - 1 有关指标数据表

| 指 标 | 数 据 |
| --- | --- |
| 净利润(百元) | 250 000 |
| 优先股股息(百元) | 25 000 |
| 普通股股利(百元) | 200 000 |
| 普通股股利实发数(百元) | 180 000 |
| 普通股权益平均数(百元) | 1 800 000 |
| 发行在外的普通股平均数(股) | 1 000 000 |
| 每股市价(元) | 4.5 |

要求:根据所给资料,计算该公司本年度每股收益、普通股权益报酬率、每股股利、股利发放率和市盈率等指标。

6. A 公司简易现金流量如表 15 - 2。

表 15 - 2 本年度现金流量表(简)　　　　　　单位:万元

| 项 目 | 金 额 |
| --- | --- |
| 一、经营活动产生的现金流量净额 | 66 307 |
| 二、投资活动产生的现金流量净额 | -108 115 |
| 三、筹资活动产生的现金流量净额 | -101 690 |
| 四、现金及现金等价物净变动 | |
| 补充材料 | |
| 1. 将净利润调节为经营活动的现金流量 | |
| 净利润 | B |
| 加:计提的资产减值准备 | 1 001 |
| 固定资产折旧 | 15 639 |
| 无形资产摊销 | 4 |

（续表）

| 项　目 | 金　额 |
|---|---|
| 长期待摊费用的摊销 | 116 |
| 待摊费用的减少（减:增加） | —91 |
| 预提费用的增加（减:减少） | —136 |
| 处置固定资产、无形资产和其他资产的损失 | 0 |
| 固定资产报废损失 | 0 |
| 财务费用 | 2 047 |
| 投资损失（减:收益） | —4 700 |
| 存货的减少（减:增加） | 17 085 |
| 经营性应收项目的减少（减:增加） | —2 437 |
| 经营性应付项目的增加（减:减少） | —34 419 |
| 其他 | 0 |
| 经营活动产生的现金流量净额 | A |
| 2. 现金净增加情况 | |
| 现金的期末余额 | 27 558 |
| 减:现金的期初余额 | D |
| 现金净增加额 | C |

要求:根据表 15-2 中数据之间的关系,计算表中 A、B、C、D 四项。

7. 某公司本年有关资料如表 15-3。

表 15-3　有关指标数据表

| 指　标 | 数　据 |
|---|---|
| 净利润(万元) | 3 600 |
| 营业收入(万元) | 28 000 |
| 资产总额(万元) | 30 000 |
| 普通股股东权益总额(万元) | 22 000 |
| 普通股股数(万股) | 18 000 |

假定本年每股平均市价为 4.8 元。要求计算本年的如下指标:(1)销售净利润率;(2)每股净资产;(3)每股收益;(4)市盈率。

8. 某公司年末资产负债状况如表 15 - 4。

**表 15 - 4　资产负债表**　　　　　　　　单位:千元

| 资产 | 期末数 | 权益 | 期末数 |
|---|---|---|---|
| 货币资金 | 25 000 | 应付账款 | |
| 应收账款 | | 应交税金 | 25 000 |
| 存　货 | | 长期负债 | |
| 固定资产 | 294 000 | 实收资本 | 300 000 |
| | | 未分配利润 | |
| 总　　计 | 432 000 | 总　　计 | |

已知:(1)期末流动比率＝1.5;(2)期末资产负债率＝50%;(3)本期存货周转次数＝4.5 次;(4)本期销售成本＝315 000 元;(5)期末存货＝期初存货。

要求:根据上述资料,写出计算过程并将计算结果填入资产负债表中的空项。

9. 某公司本年的净资产收益率为 14%,净利润为 120 万元,产权比率为 80%,本年销售收入为 3 600 万元,本年的所有者权益期初数与期末数相同,预计下年销售收入为 4 158 元,下年资产总额比上年增长 10%,销售净利率、权益乘数保持不变,所得税率为 30%。

要求:计算本年销售净利率、权益乘数、资产总额、资产周转率。

10. 某公司本年销售收入为 125 000 元,毛利率为 52%,赊销比例为 80%,销售净利率为 16%,存货周转率为 5 次,期初存货余额为 10 000 元,期初应收账款余额为 12 000 元,期末应收账款余额为 8 000 元,速动比率为 1.6,流动比率为2.16,流动资产占资产总额的 27%,资产负债率为 40%,该公司只发行普通股,流通在外股数为 5 000 股,每股市价 10 元,该公司期初与期末总资产相等。

要求:计算应收账款周转率、资产周转率、每股收益、市盈率。

## 八、综合分析题(共 2 题)

1. 长安汽车是一家上市公司,其简化资产负债表见表 15 - 5。

**表 15 - 5　资产负债表**　　　　　　　　单位:万元

| 日期 | 2017 - 12 - 31 | 2006 - 12 - 31 | 日期 | 2017 - 12 - 31 | 2006 - 12 - 31 |
|---|---|---|---|---|---|
| 货币资金 | 424 000 | 378 000 | 短期借款 | 270 000 | 204 000 |
| 交易性金融资产 | 14 000 | 0 | 应收账款 | 800 000 | 600 000 |
| 应收票据 | 230 000 | 141 000 | 应付薪资 | 10 000 | 9 000 |
| 应收账款净额 | 83 000 | 96 000 | 应交税金 | 20 000 | 10 000 |

**表 15 - 5 资产负债表** (续表)

| 日期 | 2017 - 12 - 31 | 2006 - 12 - 31 | 日期 | 2017 - 12 - 31 | 2006 - 12 - 31 |
|---|---|---|---|---|---|
| 存货 | 382 000 | 388 000 | 其他应付款 | 100 000 | 97 000 |
| 流动资产合计 | 1 133 000 | 1 033 000 | 流动负债合计 | 1 200 000 | 920 000 |
|  |  |  | 长期借款 | 393 200 | 272 000 |
| 长期投资 | 269 600 | 350 000 | 负债合计 | 1 593 200 | 1 192 000 |
| 固定资产 | 900 600 | 467 000 | 股本 | 162 000 | 162 000 |
| 无形资产 | 20 000 | 15 000 | 资本公积 | 206 900 | 169 000 |
| 非流动资产合计 | 1 190 200 | 832 000 | 盈余公积 | 172 100 | 190 000 |
|  |  |  | 未分配利润 | 189 000 | 152 000 |
|  |  |  | 股东权益合计 | 730 000 | 673 000 |
| 资产总计 | 2 323 200 | 1 865 000 | 负债及股东权益总计 | 2 323 200 | 1 865 000 |

要求:运用水平分析法(对不同期限指标值比较计算变动额、变动率)分析资产负债表的变动情况,并作出评价。

2. F公司为一家稳定成长的上市公司,2017 年度公司实现净利润 8 000 万元。公司上市 3 年来一直执行稳定增长的现金股利政策,年增长率为 5%,吸引了一批稳健的战略性机构投资者。公司投资者中个人投资者持股比例占 60%。2008 年度每股派发 0.2 元的现金股利。公司 2018 年计划新增一投资项目,需要资金 8 000 万元。公司目标资产负债率为 50%。由于公司良好的财务状况和成长能力,公司与多家银行保持着良好的合作关系。公司 2017 年 12 月 31 日资产负债表有关数据如表 15 - 6 所示。

**表 15 - 6 资产负债表有关数据** 单位:万元

| | |
|---|---|
| 货币资金 | 12 000 |
| 负债 | 20 000 |
| 股本(面值 1 元,发行在外 10 000 万股普通股) | 10 000 |
| 资本公积 | 8 000 |
| 未分配利润 | 9 000 |
| 股东权益总额 | 30 000 |

2018 年 3 月 15 日,公司召开董事会会议,讨论了甲、乙、丙三位董事提出的 2017 年度股利分配方案：

(1) 甲董事认为考虑到公司的投资机会,应当停止执行稳定增长的现金股利政策,将净利润全部留存,不分配股利,以满足投资需要。

(2) 乙董事认为既然公司有好的投资项目,有较大的现金需求,应当改变之前的股利政策,采用每 10 股送 5 股的股票股利分配政策。

(3) 丙董事认为应当维持原来的股利分配政策,因为公司的战略性机构投资者主要是保险公司,他们要求固定的现金回报,且当前资本市场效率较高,不会由于发放股票股利使股价上涨。

要求：

(1) 计算维持稳定增长的股利分配政策下公司 2017 年度应当分配的现金股利总额。

(2) 分别计算甲、乙、丙三位董事提出的股利分配方案下的个人投资者所得税税额。

(3) 分别站在企业和投资者的角度,比较分析甲、乙、丙三位董事提出的股利分配方案的利弊。

第二部分

练习答案与小结

# 第一章
# 财务管理总论

**一、单项选择题**

1. D　　2. C　　3. D　　4. A　　5. C

6. B　　7. A　　8. B　　9. D　　10. C

**二、多项选择题**

1. ACE　　2. BCD　　3. ABCD　　4. CDE　　5. ADE

6. AB　　7. BCE　　8. ACDE　　9. CD　　10. ABCD

**三、判断题**

1. ✕，改正：财务部经理财务控制的重点是现金效率。

2. ✕，改正：20世纪60年代至今为财务管理发展的后期阶段。

3. ✕，改正：只有建立社会主义市场经济以及现代企业制度，企业才有真正的理财自主权。

4. ✓

5. ✓

6. ✕，改正：通常用利率来表现。

7. ✓

8. ✓

9. ✕，改正：企业的价值应该是全部资产的公允价值，或者是企业按着一定的折现率折算未来现金净流入的现值之和。

10. ✓

**四、填空题**

1. 决策权

2. 财务管理

3. 法人财权

4. 总产值

5. 道德风险

**五、名词解释题**

1. 财务管理是指企业规划、组织和分析评价财务活动，处理财务关系的一项管理工作。

2. 财务管理目标是财务管理理论要素的重要组成部分，也是财务管理工作者首先要明确的目标。企业财务管理目标可以分为财务管理复合目标和单一目标。

3. 金融工具是在信用活动中产生，能够证明货币供给者与需求者之间融通货币余缺的书面证明。其最基本的要素为支付的金额与支付条件。

4. 财务活动是企业在再生产过程中价值运动过程,是企业经营活动过程中运用货币综合反映的过程。

5. 企业在规划、组织其财务活动过程中,必然与各个经济主体发生经济关系,即财务关系。

## 六、简答题

1. 企业财务关系主要包括:

(1) 企业与投资者之间的财务关系;

(2) 企业与债权人之间的财务关系;

(3) 企业内部各单位之间的财务关系;

(4) 企业与员工之间的财务关系;

(5) 企业与政府之间的财务关系。

2. 包括三个层次:

(1) 生存。生存是财务管理最低目标。生存是维持企业简单再生产的财务运作的要求,企业从市场取得的货币资金刚好弥补生产经营活动过程中的各种耗费。

(2) 发展。追逐利润是企业经营活动一项最基本的要求,盈利也是扩大再生产的基本条件。

(3) 持续盈利。企业的发展须臾离不开长期可持续发展的财务战略管理思想。确定财务战略发展目标、追求持续盈利是多重财务管理目标中高层次的目标。

3. 优点有以下几个方面:

(1) 考虑了资金时间价值;

(2) 考虑了风险价值;

(3) 有利于避免经营者的短视行为;

(4) 有利于企业战略财务管理;

(5) 促使公司树立良好的公众形象。

4. 税收政策对企业财务的影响表现在以下几个方面:

(1) 融、投资方面;

(2) 财务日常管理方面;

(3) 收益分配方面。

5. 有以下几个方面:

(1) 出资者财务控制的思想。财务战略观;财务控制的重点:投资效率与资本收益率。

(2) 董事会财务控制的思想。战略与战术财务观;财务控制的重点:资产效率与资产收益率。

(3) 财务经理财务控制的思想。战术财务观;财务控制的重点:现金效率。

# 第二章
# 货币时间价值与风险价值

**一、单项选择题**

1. B　　　2. C　　　3. A　　　4. D　　　5. D

6. A　　　7. B　　　8. B　　　9. A　　　10. C

**二、多项选择题**

1. BCDE　　2. ACE　　3. CE　　4. BDC　　5. ABC

6. ABCDE　7. ACDE　8. CD　　9. BCD　　10. AE

**三、判断改错题**

1. √

2. ×,改正:偿债基金是指为了使年金终值达到既定金额,每年年末应支付的年金数额。

3. √

4. √

5. √

6. ×,改正:递延年金问题是前期不属于年金,后期属于年金问题。

7. ×,改正:财务风险通常是指债务或债权融资风险。

8. √

9. ×,改正:期望投资报酬率等于无风险报酬率加风险报酬率。

10. ×,改正:在期数和年金相同的情况下,先付年金的现值大于普通年金的现值。或在期数和年金相同的情况下,先付年金的终值小于普通年金的终值。

**四、填空题**

1. 价值量

2. $(F/P,i,n)$

3. 风险报酬斜率

4. 商业银行

5. 风险债券的利率,或国库券的利率

**五、名词解释题**

1. 货币时间价值是指一定量的货币在不同时点上的价值量的差额。货币时间价值是指扣除风险报酬和通货膨胀贴水之后的平均资金利润率或平均报酬率。

2. 偿债基金是指为了使年金终值达到既定金额,每年年末应支付的年金数额。

3. 年资本回收额是指为使年金现值达到既定金额,每年年末应收付的年金数额,它是年金现值的逆运算。

4. 财务风险是指由于举债融资而给企业财务成果带来的不确定性,又称筹资风险。

5. 风险价值又称风险报酬,是指企业承担风险从事财务活动所获得的超过货币时间价值的额外收益。

**六、简答题**

1. (1) 货币时间价值是在企业的生产经营和流通过程中产生的。

(2) 货币时间价值的真正来源是劳动者创造的剩余价值。货币只有投入生产和流通领域才能实现其价值的增值。

(3) 货币时间价值的确定是以社会平均资金利润率或平均投资报酬率为基础的。在利润不断资本化的条件下,货币时间价值应按复利的方法计算。

2. (1) 货币时间价值在筹资活动中具有重要的作用。

首先,筹资时机的选择要考虑货币时间价值。其次,举债期限的选择要考虑货币时间价值。再次,在进行资本结构决策时必须考虑货币时间价值。

(2) 货币时间价值在投资活动中具有重要的作用。

利用货币时间价值原理从动态上比较衡量同一投资的不同方案以及不同投资项目的最佳方案,为投资决策提供依据,从而提高投资决策的正确性。树立货币时间价值观念能够使企业有意识地加强投资经营管理,尽量缩短投资项目建设期。

(3) 货币时间价值是企业进行生产经营决策的重要依据。

3. (1) 风险具有客观性。风险是指事件本身的不确定性,具有客观性。一旦某一特定方案被确定下来,风险总是无法回避和忽视的,但决策主体是否愿意去冒风险以及冒多大风险,是可以选择的。

(2) 风险具有时间性。风险的大小随时间延续而变化,因此,我们说风险总是"一定时期内的风险"。

(3) 风险可能给投资者带来超出预想的损失,也可能带来意外的惊喜。人们在研究风险时,侧重于减少损失,主要从不利的方面来考虑风险,经常把风险看成是不利事件发生的可能性。

4. (1) 筹资风险。筹资风险是指企业在资本筹集过程中所具有的不确定性。筹资风险的影响因素包括筹资时间、筹资数量、筹资渠道和筹资方式。

(2) 投资风险。投资风险是指企业将筹集的资金确定投向某经营活动中所具有的不确定性。

(3) 收益分配风险。收益分配风险是指企业在收益的形成和分配上所具有的不确定性。

5. (1) 纯粹利率

(2) 通货膨胀附加率

(3) 违约风险报酬

(4) 流动性风险报酬

(5) 期限风险报酬

**七、计算题**

1. 单利情况下

$F=100+100\times10\%\times3=130(万元)$

复利情况下

$F=100\times(1+10\%)^3=133.1(万元)$

2. $F=A(F/A,i,n)=100\times(F/A,5\%,8)=100\times9.549=954.9(万元)$

3. $A=F/(F/A,i,n)=20/(F/A,10\%,10)=20/15.937=1.2549(万元)$

4. $A=P/(P/A,i,n)=1\,000/(P/A,10\%,20)=1\,000/8.514=117.4536(万元)$

5. $F=A[(F/A,i,n+1)-1]=30\times[(F/A,12\%,5+1)-1]=30\times(8.115-1)=213.45(万元)$

6. 第一种方法

$$P=A(P/A,i,m+n)-A(P/A,i,m)=10\times(P/A,5\%,20)-10\times(P/A,5\%,5)$$
$$=10\times12.462-10\times4.330=81.32(万元)$$

第二种方法

$$P=A(P/A,i,n)(P/F,i,m)=10\times(P/A,5\%,15)\times(P/F,5\%,5)$$
$$=10\times10.380\times0.784=81.3792(万元)$$

7. $P=A/i=50\,000/10\%=500\,000(元)$

8. 投资额 $P=500+500/(1+10\%)=954.55(万元)$

收益额 $P=10\times(P/A,10\%,3)(P/F,10\%,2)=10\times2.487\times0.826=20.54(万元)$

9. $F=200\times(F/P,3\%,20)=200\times1.806=361.2(万元)$

10. 甲股票的期望报酬率为：

$K=0.3\times60\%+0.2\times40\%+0.3\times20\%+0.2\times(-10\%)=30\%$

乙股票的期望报酬率为：

$K=0.3\times50\%+0.2\times30\%+0.3\times10\%+0.2\times(-15\%)=21\%$

甲股票报酬率的标准差为：

$$\sqrt{(60\%-30\%)^2\times0.3+(40\%-30\%)^2\times0.2+(20\%-30\%)^2\times0.3+(-10\%-30\%)^2\times0.2}$$
$=25.3\%$

乙股票报酬率的标准差为：

$$\sqrt{(50\%-21\%)^2\times0.3+(30\%-21\%)^2\times0.2+(10\%-21\%)^2\times0.3+(-15\%-21\%)^2\times0.2}$$
$=23.75\%$

甲股票报酬率的变化系数为：

$Q=\sigma/K\times100\%=25.3\%/30\%=0.84$

乙股票报酬率的变化系数为：

$Q=\sigma/K\times100\%=23.75\%/21\%=1.13$

因为甲股票报酬率的变化系数小于乙股票报酬率的变化系数,所以,甲股票的风险小于乙股票的风险。

**八、综合分析题**(共2题)

1. 已知：$P=6\,000,A=2\,000,i=12\%$

$P=2\,000\times(P/A,12\%,n)$

$6\,000=2\,000\times(P/A,12\%,n)$

$(P/A,12\%,n)=6\,000/2\,000=3$

$(P/A,12\%,3)=2.401\,8,(P/A,12\%,4)=3.037\,3$

利用插值法计算 $n$

$(n-3)/(4-3)=(3-2.401\,8)/(3.037\,3-2.401\,8)$

解得:$n=3.94$(年)

所以,甲设备的使用期限至少为 3.94 年时,才是有利的。

2. (1) $\overline{K}_\text{甲}=60\%\times0.3+20\%\times0.5+(-30\%)\times0.2=22\%$

$\overline{K}_\text{乙}=40\%\times0.3+20\%\times0.5+40\%\times0.2=30\%$

(2) $\sigma_\text{甲}=[(60\%-22\%)^2\times0.3+(20\%-22\%)^2\times0.5+(-30\%-22\%)^2\times0.2]^{1/2}$
$=0.312\,4$

$\sigma_\text{乙}=[(40\%-30\%)^2\times0.3+(20\%-30\%)^2\times0.5+(40\%-30\%)^2\times0.2]^{1/2}=0.1$

(3) $Q_\text{甲}=0.312\,4/22\%\times100\%=142\%$

$Q_\text{乙}=0.1/30\%\times100\%=33.33\%$

(4) $K_\text{甲}=8\%\times142\%=11.36\%$

$K_\text{乙}=6\%\times33.33\%=1.999\,8\%$

(5) 应投资乙公司股票,因为 $\overline{K}_\text{甲}<\overline{K}_\text{乙}$;$Q_\text{甲}>Q_\text{乙}$。

# 第三章
## 筹资路径与资本成本

**一、单项选择题**

1. D      2. D      3. A      4. A      5. B

6. C      7. D      8. D      9. B      10. C

**二、多项选择题**

1. BD      2. ABCE      3. ABD      4. CE      5. AE

6. CDE      7. AB      8. BCE      9. ABE      10. BCE

**三、判断改错题**

1. ×,改正:留存收益资本成本的计算与普通股基本相同,但不用考虑筹资费用。

2. ×,改正:综合资本成本率的高低是由个别资本成本率及其所占比重共同决定的。

3. ×,改正:资本成本通常用相对数表示。

4. √

5. ×,改正:资本成本是筹集资金和使用资金所付出的代价。

6. ×,改正:国有企业筹资渠道主要有国家财政资金、银行信贷资金等。

7. ×,改正:企业借新债还老债有时是为了保持一定的负债规模。

8. √

9. √

10. √

**四、填空题**

1. 现有的资本结构

2. 追加筹资

3. 用资费用或资金占用费

4. 个别资本成本

5. 加权平均资本成本或综合资本成本

**五、名词解释题**

1. 资本成本是指企业为筹措和使用资金而付出的代价,包括筹资过程中发生的筹资费用和用资过程中所支付的报酬,即用资费用。

2. 销售百分比法是根据资产负债表有关项目与销售收入比例关系,预测短期资金需要量的方法

3. 筹资渠道是指企业取得资金的来源或途径,体现着资金的来源和流量。

4. 随销售额变动的资产称为敏感资产,包括货币资产、应收账款、存货等项目。

5. 筹资费用是指企业在资金筹措过程中所支付的各项费用,如发行股票、债券支付的发行手续费、资信评估费、印刷费、公证费等。

### 六、简答题

1. 资本成本对企业筹资决策的影响主要有三个方面:

(1) 个别资本成本是选择资金来源、比较各种筹资方式优劣的一个依据;

(2) 综合资本成本是进行资本结构决策的基本依据;

(3) 边际资本成本是选择追加筹资方案、影响企业筹资总额的重要因素。

2. 企业筹资的目的是以较低的成本和风险为企业具有较高投资回报的投资项目筹措到足够的资金。具体有以下四种:

(1) 设立企业;

(2) 扩张和发展企业;

(3) 偿还企业债务;

(4) 调整企业资本结构。

3. 企业筹资应遵循的原则为:

(1) 分析投资和生产经营情况;

(2) 合理安排筹资时间,及时取得所需资金;

(3) 分析筹资渠道和资本市场,认真选择资金来源;

(4) 研究各种筹资方式,选择最佳资本结构。

4. 影响企业资本成本的因素有:

(1) 总体经济状况;

(2) 证券市场条件;

(3) 企业经营决策和筹资决策;

(4) 筹资规模。

5. 个别资本成本包括:

(1) 长期借款成本;

(2) 长期债券成本;

(3) 优先股成本;

(4) 普通股成本;

(5) 留存收益成本。

### 七、计算题

1. (1) 银行借款资本成本 $=7\% \times (1-25\%)/(1-2\%)=5.36\%$

债券资本成本 $=140 \times 9\% \times (1-25\%)/[150 \times (1-3\%)]=6.49\%$

优先股资本成本 $=250 \times 12\%/[250 \times (1-4\%)]=12.5\%$

普通股资本成本 $=1.2/[10 \times (1-6\%)]=12.77\%$

(2) 该企业的加权平均资本成本 $=200/1\,000 \times 5.36\% + 150/1\,000 \times 6.49\% + 250/1\,000 \times 12.50\% + 400/1\,000 \times 12.77\% = 1.07\% + 0.96\% + 3.13\% + 5.11\% = 10.28\%$

2. (1) 新增销售额＝6 000－5 000＝1 000(万元)

股利支付率＝60/300＝20%

融资需求＝1 000×(1－34%)－6 000×6%×(1－20%)

$\qquad$＝660－288＝372(万元)

(2) 新增销售额＝6 500－5 000＝1 500(万元)

融资需求额＝1 500×(1－34%)－6 500×8%

$\qquad$＝990－520＝470(万元)

3. 债券资本成本＝10%×(1－25%)/(1－2%)＝7.65%

优先股资本成本＝12%/(1－3%)＝12.37%

普通股资本成本＝[1.2/10×(1－5%)]＋4%＝16.63%

综合资本成本＝2 000/5 000×7.65%＋800/5 000×12.37%＋2 200/5 000×16.63%

$\qquad$＝12.36%

4. 资本成本＝2.5/[25×(1－5%)]＋5%＝15.53%

5. 债券资本成本＝700×5%×(1－25%)/[800×(1－3%)]＝3.38%

优先股资本成本＝6%/(1－3%)＝6.19%

普通股资本成本＝100/[1 000×(1－4%)]＋4%＝14.42%

留存收益资本成本＝100/1 000＋4%＝14%

债券比重＝800/2 000＝0.4

优先股比重＝100/2 000＝0.05

普通股比重＝1 000/2 000＝0.5

留存收益比重＝100/2 000＝0.05

综合资本成本＝3.38%×0.4＋6.19%×0.05＋14.42%×0.5＋14%×0.05＝9.57%

## 八、综合分析题

1. 综合资本成本率＝2 000/6 000×8%×(1－25%)/(1－2%)＋1 000/6 000×10%/(1－3%)＋3 000/6 000×[360/3 000×(1－4%)＋3%]＝10.96%

综合资本成本小于收益率13%，方案可行。

2. (1) 筹资总额分界点的计算见表3－3。

表 3－3　筹资总额分界点计算表

| 筹资方式 | 资本成本（%） | 特定筹资方式的筹资范围 | 筹资总额分界点 |
|---|---|---|---|
| 长期借款 | 2 | 40 000 元以内 | 40 000/0.2＝200 000(元) |
| | 4 | 40 000 元以上 | 200 000 元以上 |
| 长期债券 | 10 | 250 000 元以内 | 250 000/0.25＝1 000 000(元) |
| | 12 | 250 000 元以上 | 1 000 000 元以上 |
| 普通股 | 15 | 330 000 元以内 | 330 000/0.55＝600 000(元) |
| | 16 | 330 000 元以上 | 600 000 元以上 |

（2）边际资本成本的计算见表3－4。

**表3－4　边际资本成本规划表**

| 序号 | 筹资总额的范围(元) | 筹资方式 | 资本结构(%) | 资本成本(%) | 边际资本成本(%) |
|---|---|---|---|---|---|
| 1. | 0～200 000 | 长期借款 | 20 | 2 | 0.40 |
| | | 长期债券 | 25 | 10 | 2.50 |
| | | 普通股 | 55 | 15 | 8.25 |
| | | | 第一个范围的边际资本成本＝11.15 | | |
| 2. | 200 000～600 000 | 长期借款 | 20 | 4 | 0.80 |
| | | 长期债券 | 25 | 10 | 2.50 |
| | | 普通股 | 55 | 15 | 8.25 |
| | | | 第二个范围的边际资本成本＝11.55 | | |
| 3. | 600 000～1 000 000 | 长期借款 | 20 | 4 | 0.80 |
| | | 长期债券 | 25 | 10 | 2.50 |
| | | 普通股 | 55 | 16 | 8.80 |
| | | | 第三个范围的边际资本成本＝12.10 | | |
| 4. | 1 000 000 以上 | 长期借款 | 20 | 4 | 0.80 |
| | | 长期债券 | 25 | 12 | 3.00 |
| | | 普通股 | 55 | 16 | 8.80 |
| | | | 第四个范围的边际资本成本＝12.60 | | |

# 第四章
## 权益融资

### 一、单项选择题

| | | | | |
|---|---|---|---|---|
| 1. A | 2. C | 3. B | 4. D | 5. C |
| 6. B | 7. C | 8. D | 9. B | 10. C |

### 二、多项选择题

| | | | | |
|---|---|---|---|---|
| 1. CE | 2. ABC | 3. BE | 4. ABCD | 5. ABD |
| 6. ACE | 7. ABCDE | 8. AD | 9. ABDE | 10. BC |

### 三、判断改错题

1. ×,改正：公司配股后,配股价格的高低会影响配股后股票市场价格的高低。

2. √

3. √

4. ×,改正：执行认股权证会对股票的市场价格产生稀释作用。

5. ×,改正：股票的清算价值通常要低于其账面价值。

6. √

7. ×,改正：投资者购买可转换公司债券后,可在规定的转换期选择将可转换债券转换成股票。

8. ×,改正：距到期日的时间越短,认股权证的时间价值越高。

9. √

10. √

### 四、填空题

1. 30%

2. 中间价

3. 中国证监会

4. 配售

5. 时间价值

### 五、名词解释题

1. 认股权证通常也称为认购权证,是公司发行的一种长期股票买入选择权。它本身不是股票,既不享受股利收益,也没有投票权,但它的持有者可以在规定的时间内按照事先确定的价格购买一定数量的公司股票。

2. 可转换债券是指由股份公司发行的,可以按一定条件转换为一定数量的公司普通股股票的证券。

3. 股票包销是指券商将发行人的全部股票(或其他证券)按照协议全部购入或者在承销期结束时将未售出的剩余股票全部自行购入的承销方式。

4. 认沽权证是指看跌期权,即期权的购买者拥有在期权合约有效期内按执行价格卖出一定数量标的物的权利。

5. 回售条款是指可转换债券发行公司的股票价格降低到某种程度时,债券持有人有权按照约定的价格将可转换债券出售给发行者的有关规定,这种规定是对可转换债券投资者的一种保护。

### 六、简答题

1. 普通股股东享有以下基本权利:

(1) 剩余收益请求权和剩余财产清偿权;

(2) 监督决策权;

(3) 优先认股权;

(4) 股票转让权。

2. 企业发行普通股筹资的优点:

(1) 普通股筹资形成的公司资本金具有长久性、稳定性和安全性;

(2) 针对普通股的利润分配政策具有灵活性;

(3) 通过发行普通股可增加公司的广告效应;

(4) 公司上市是对公司经营状况和信誉的一个最好的肯定,有助于公司开展商业往来;

(5) 大量的公众股东可能成为公司未来的客户。

企业发行普通股筹资的缺点:

(1) 公开发行股票要产生大量的直接成本;

(2) 公开发行股票还会产生大量的隐性成本;

(3) 为了对广大投资者负责,上市公司负有严格的信息披露义务;

(4) 可能会稀释原股东的控制权和收益权。

3. 可转换债券筹资的优点:

(1) 可以降低筹资成本;

(2) 由于可转换债券规定的转换价格要高于发行时的公司普通股股价,因此它实际上为公司提供了一种以高于当期股价发行新普通股的可能;

(3) 当可转换债券转化为公司普通股后,债券发行者就不必再归还债券本金,免除了还本的负担。

可转换债券筹资的缺点:

(1) 尽管可转换债券的利息率确实低于同等条件下不可转换债券,但由于可转换债券实际上是债券和权益资本的混合物,因此它的成本也应介于两者之间;

(2) 如果公司发行可转换债券的实际目的是利用其转换性能发行股票,且一旦公司普通股股价未能如预期的那样上升,无法吸引债券持有者将债券转换为公司普通股股票,则公司将面临严峻的归还本金的压力;

(3) 可转换债券的低利息,将随着转换为公司股票而消失。

4. 优先股筹资的优点:

(1) 不会导致原有普通股股东控制能力的下降;

(2) 优先股不会像公司债那样加大企业的财务风险;

(3) 发行优先股不必以资产抵押,从而确保了公司的融资能力;

(4) 优先股没有规定的到期日,不用偿还本金;

(5) 大多数优先股附有收回条款,这就使发行优先股融资更有弹性。

优先股筹资的缺点:

(1) 成本较高;

(2) 由于优先股在股利分配、资产清算等方面拥有优先权,使普通股股东在公司经营不稳定时的收益受到影响;

(3) 可能形成较重的财务负担;

(4) 优先股的限制较多。

5. 认股权证的价值受以下因素影响:

(1) 所认购股票的市场价格;

(2) 权证规定的认购价格(执行价格);

(3) 自认股权证发行至到期日的时间长短;

(4) 市场利率;

(5) 是否分配现金股利等因素。

## 七、计算题

1. 认股权证的内在价值＝$0.5 \times (45-30)＝7.5$(元)

2. 转换价格＝$100/4＝25$(元)

3. (1) 为筹措所需资金,公司需要配售的股票数量＝$4\,500/15＝300$(万股)

(2) 全部配售后的股票除权价格＝$(1\,000 \times 20+4\,500)/(1\,000+300)＝18.85$(元)

4. 公司配股前的股票价格＝$(120 \times 25-20 \times 20)/100＝26$(元)

5. 可转换债券的转换比例＝$100/20＝5$,不会行权

## 八、综合分析题

(1) 认股权证的内在价值＝$0.5 \times (50-35)＝7.5$(元)

(2) 行使认股权证之前,公司的权益总价值＝$50 \times 4\,000＝200\,000$(万元)

行使认股权证之后,公司发行新股＝$1\,000 \times 0.5＝500$万股,收入＝$500 \times 35＝17\,500$(万元)

行使认股权证之后的股票价格＝$(200\,000+17\,500)/(4\,000+500)＝48.33$元

稀释效应使股票价格下降了$1.67$元

# 第五章
# 债务融资

**一、单项选择题**

1. B      2. A      3. C      4. D      5. D

6. C      7. D      8. B      9. A      10. B

**二、多项选择题**

1. ABC    2. ABCD    3. BCE    4. ACD    5. ABCDE

6. ACDE   7. BCDE   8. ACE    9. AD    10. ABCE

**三、判断题**

1. √

2. √

3. ×,改正:借款人以未到期的票据向银行贴现融通资金的一种借款方式,贴现时就要扣除贴现息。

4. ×,改正:我国短期融资券的发行人是在中华人民共和国境内依法设立的非金融企业法人。

5. ×,改正:与股权融资相比,长期借款筹资主要有融资速度快、筹资成本低、借款弹性大、具有杠杆作用等优点。

6. ×,改正:附认股权债券票面利率通常低于一般公司债券票面利率。

7. √

8. ×,改正:经营租赁的租赁资产的维修、保养和管理由出租人负责,或融资租赁的租赁资产的维修、保养和管理由承租人负责。

9. √

10. √

**四、填空题**

1. 自有资本,或所有者权益资本

2. 信用债券

3. 融资租赁

4. 直接租赁

5. 等额年金法

**五、名词解释题**

1. 商业信用是指商品交易中由于延期付款或预收货款所形成的企业与企业间的信用关

系。它是企业之间由于商品和货币在时间和空间分离而形成的直接信用关系。

2. 现金折扣又称为信用折扣,是卖方为了促使买方及早付款而给予买方付款上的优惠(现金折扣符号略)。

3. 长期借款是指企业向银行或其他非银行金融机构借入的使用期超过一年的借款,主要用于购建固定资产和满足长期资金占用的需要。

4. 售后租赁又称先卖后租或回租,即指企业先将自己拥有的某项资产卖给出租人,然后再将资产租回使用,这是一种变相融资方式。

5. 短期融资券是指具有法人资格的非金融企业在银行间债券市场发行的,约定在一年内还本付息的直接债务融资工具。

**六、简答题**

1. 负债与自有资本相比较,具有以下特点:

(1) 负债是以往或目前已经完成的交易而形成的当前债务,凡不属于以往或目前已经完成的交易,而是将来要发生的交易可能产生的债务,不能视为负债。

(2) 负债是要在将来承担的经济责任。

(3) 负债是可以确定和估计的金额。

(4) 负债是需要用现金或其他资产支付的、确实存在的债务。

(5) 负债有确切的债权人和到期日。

2. 流动负债根据偿付金额是否可以确定,分为三种形式:

(1) 应付金额当前可以肯定的流动负债,例如应付账款、应付票据、短期借款等。

(2) 应付金额不可以肯定的流动负债,如应交税金等。

(3) 应付金额需要估计的流动负债,例如企业因实行"三包"应付的修理费用。

3. 商业信用融资的优点:

(1) 商业信用是伴随着商品交易自然产生取得的,只要企业生产经营活动一如既往,这种信用融资就会经常发生,不需要办理有关繁琐的手续,也不附加条件。

(2) 商业信用融资可能不需要成本或成本很低。

(3) 商业信用融资具有较大的弹性,能够随着购买或销售规模的变化而自动扩张或缩小。

商业信用融资的缺点:

(1) 商业信用的期限较短,应付账款尤其如此,如果企业要取得现金折扣,则期限更短。

(2) 对应付方而言,如果放弃现金折扣或者严重拖欠应付款项,其付出的成本很高。

4. 短期融资券的发行程序:

(1) 公司作出发行短期融资券的筹资决策;

(2) 委托有关的信用评级机构进行信用评级;

(3) 向银行间市场交易商协会申请注册;

(4) 对企业的申请进行审核与注册;

(5) 正式发行融资券,取得资金。

5. 融资租赁的租金构成主要包括:

(1) 租赁设备的购置成本,包括设备买价、运杂费和途中保险费。

(2) 利息,即出租人为承租人购置设备融资而应计的利息。

(3) 租赁手续费,即出租人办理租赁业务的营业费用、营业税金和利润。

### 七、计算题

1. $R = \dfrac{10 \times 10\%}{10 \times (1-15\%)} \times 100\% \approx 11.76\%$

2. (1) 收款法:实际利率=名义利率=6%

(2) 贴现法:实际利率=$\dfrac{100 \times 6\%}{100 - 100 \times 6\%} \times 100\% \approx 6.38\%$

3. (1) 计算放弃现金折扣的成本如下:

放弃优惠折扣的实际利率=$\dfrac{2\%}{1-2\%} \times \dfrac{360}{30-10} \times 100\% \approx 36.7\%$

(2) 因为 36.7%>10%

故甲企业应选择在第十天付款,即使公司资金短缺,也可以通过向银行取得短期借款的方式在第十天还款。

4. 租赁期内利息=$800 \times (1+10\%)^5 - 800 \approx 488.40$(万元)

租赁期内手续费=$800 \times 6\% = 48$(万元)

每年支付租金=$(800+488.4+48)/5 = 267.28$(万元)

5. (1) $1\,000 \times (1+10\%)^5 \approx 1\,610.51$(万元)

(2) $1\,000 \times (1+10\% \times 5) = 1\,500$(万元)

### 八、综合分析题

1. 每年应支付的租金=$\dfrac{P}{(P/A, i, n)(1+i)} = \dfrac{260}{4.355 \times (1+10\%)} \approx 54.27$(万元)

2. (1) 计算发行价格

当市场利率为 9% 时:

债券的发行价格=$100 \times (P/F, 9\%, 8) + 100 \times 9\% (P/A, 9\%, 8)$

$= 100 \times 0.502 + 100 \times 9\% \times 5.535 = 100$(元)

当市场利率为 8% 时:

债券的发行价格=$100 \times (P/F, 8\%, 8) + 100 \times 9\% (P/A, 8\%, 8)$

$= 100 \times 0.540 + 100 \times 9\% \times 5.747 = 106$(元)

当市场利率为 10% 时:

债券的发行价格=$100 \times (P/F, 10\%, 8) + 100 \times 9\% (P/A, 10\%, 8)$

$= 100 \times 0.467 + 100 \times 9\% \times 5.335 = 95$(元)

(2) 说明理由

① 当市场利率高于债券票面利率时,公司会折价发行债券,以此来补偿债券持有者因票面利息较低而少获得的利息。

② 当市场利率低于债券票面利率时,公司会溢价发行债券,以此来弥补自己因多向债券持有人支付利息的损失。

# 第六章
# 杠杆作用与资本结构

## 一、单项选择题

| | | | | |
|---|---|---|---|---|
| 1. D | 2. A | 3. C | 4. D | 5. C |
| 6. C | 7. A | 8. A | 9. B | 10. C |

## 二、多项选择题

| | | | | |
|---|---|---|---|---|
| 1. BC | 2. ACD | 3. ABC | 4. ACE | 5. ABC |
| 6. CDE | 7. ACDE | 8. ABC | 9. BD | 10. ACE |

## 三、判断改错题

1. ×，改正：一般来说，经营杠杆系数越小，经营风险越小。

2. ×，改正：只有当债务利息和优先股股息同时为零时，财务杠杆系数才为1。

3. ×，改正：从经营杠杆系数计算公式上看，分母为负数，但分子也可能是负数，这样经营杠杆系数就未必小于0。

4. √

5. √

6. √

7. ×，改正：负债经营并不是导致财务风险产生的根本原因，负债经营得当也能带来财务杠杆利益。

8. √

9. √

10. √

## 四、填空题

1. 经营杠杆系数

2. 财务杠杆系数

3. 联合杠杆系数

4. 全部资本，长期资本

5. 企业价值，加权平均资本成本

## 五、名词解释题

1. 经营杠杆是指由于固定成本的存在，当业务量发生变化时，导致息税前利润更大幅度变化的现象。

2. 财务杠杆是指由于债务利息或优先股股息的存在，当息税前利润发生变化时，导致每股收益更大幅度变化的现象。

3. 联合杠杆是经营杠杆与财务杠杆的综合作用,即反映了业务量变动最终导致每股收益更大幅度的变动。

4. 资本结构是指企业各种资本的构成及其比例关系。

5. 最优资本结构是指综合资本成本最低、企业价值最大的资本结构。

**六、简答题**

1. 经营杠杆作用只是放大了有关因素变动带来的经营风险,但经营杠杆的大小并非经营风险大小的同义语。

2. 财务杠杆作用只是放大了有关因素变动对每股收益(EPS)的影响,但财务杠杆大小并非财务风险大小的同义语。

3. (1) 合理安排债务资本比例有利于降低企业的资本成本;(2) 合理安排债务资本比例有利于发挥财务杠杆作用;(3) 合理安排债务资本比例有利于提高公司价值。

4. 无公司所得税,资本结构不影响企业价值和资本成本;有公司所得税,负债越多,企业价值越大。

5. 基本方法有比较资本成本法、每股收益无差别点分析法、比较公司价值法和比较杠杆比率法。

**七、计算题**

1. $DOL = 320 \times (1-60\%) \div [320 \times (1-60\%) - 48] = 1.6$

$DFL = [320 \times (1-60\%) - 48] \div [320 \times (1-60\%) - 48 - 250 \times 45\% \times 14\%] = 1.25$

$DTL = 1.6 \times 1.25 = 2$

2. 边际贡献总额 $= 1\,000 \times 40\% = 400$(万元)

息税前利润 $= 400 - 200 = 200$(万元)

$DOL = 400/200 = 2$,下年息税前利润 $= 200 \times (1 + 2 \times 20\%) = 280$(万元)

3. (1) $(50-30) \times 10 = 200$(万元)

(2) $200 - 100 = 100$(万元)

(3) $DOL = 200/100 = 2$,$DFL = \dfrac{100}{100 - 60 \times 12\% - 10 \div (1-25\%)} = 1.26$

$DTL = 2 \times 1.26 = 2.52$

4. $DFL = \dfrac{500 \times 10\%}{500 \times 10\% - 200 \times 5\%} = 1.25$

$DOL = 2.5/1.25 = 2$    息税前利润增长率 $= 2 \times 10\% = 20\%$

今年息税前利润 $= 500 \times 10\% \times (1 + 20\%) = 60$(万元)

5. 设利息费用为 $I$,

由 $DFL = [100\,000/(1-20\%) + I] \div [100\,000/(1-20\%)] = 1.6$,得 $I = 75\,000$,

则 $DTL = [100\,000/(1-20\%) + 75\,000 + 240\,000] \div [100\,000/(1-20\%)] = 3.52$,

故息税前利润增长幅度 $= [(1\,200\,000 - 1\,000\,000)/1\,000\,000] \times 100\% \times 3.52 = 70.4\%$

6. 由 $\dfrac{(EBIT - 400 \times 10\% - 200 \times 12\%) \times (1-25\%)}{24} = \dfrac{(EBIT - 400 \times 10\%) \times (1-25\%)}{32}$

得每股收益无差别点息税前利润 $EBIT=136$(万元)，

因为预期息税前利润为 200 万元,大于无差别点息税前利润 136 万元,故应采用发行债券方案。

7. (1) 方案一每股收益 $=\dfrac{(200-40-60)\times(1-25\%)}{100}=0.75$(元)

方案二每股收益 $=\dfrac{(200-40)\times(1-25\%)}{125}=0.96$(元)

(2) 计算两个方案的每股收益无差别点息税前利润

$$\frac{(EBIT-40-60)\times(1-25\%)}{100}=\frac{(EBIT-40)\times(1-25\%)}{125}$$

$EBIT=340$(万元)

(3) 方案一:财务杠杆系数$=200/(200-40-60)=2$

方案二:财务杠杆系数$=200/(200-40)=1.25$

(4) 方案二优于方案一

8. (1) 发行债券筹资的每股收益 $=\dfrac{(400-800\times10\%-1\,000\times12\%)(1-25\%)}{200}=0.75$(元)

发行股票筹资的每股收益 $=\dfrac{(400-800\times10\%)(1-25\%)}{200+1\,000\div10}=0.80$(元)

(2) $\dfrac{(EBIT-200)(1-25\%)}{200}=\dfrac{(EBIT-80)(1-25\%)}{300}$

$EBIT=440$(万元)

息税前利润小于 440 万元时,增发普通股筹资比增发债券筹资有利。

9. 计算本年的经营杠杆系数、财务杠杆系数和联合杠杆系数

利息$=1\,000\times40\%\times5\%=20$(万元)

变动成本$=$销售收入$\times$变动成本率$=1\,000\times30\%=300$(万元)

$M=$销售收入$-$变动成本$=1\,000-300=700$(万元)

$DOL=M/(M-a)=700/(700-200)=1.4$

$DFL=EBIT/(EBIT-I)=500/(500-20)=1.04$

$DCL=DOL\times DFL=1.46$

(2) 预计下年每股收益增长率

下年每股收益增长率$=DCL\times$销售变动率$=1.46\times0.5\times100\%=73\%$

10. $\dfrac{(EBIT-20\,000\times20\%\times8\%)(1-25\%)}{2\,040}=\dfrac{(EBIT-20\,000\times20\%\times8\%-400\times10\%)(1-25\%)}{2\,000}$

$EBIT=2\,360$(万元)

因为预期 $EBIT$ 为 3 000 万元,大于 2 360 万元,所以应采用长期借款方式。

## 八、综合分析题

1. (1) 边际贡献$=10\,000\times(5-3)=20\,000$(元)

(2) 息税前利润$=20\,000-10\,000=10\,000$(元)

(3) $DOL=20\,000/10\,000=2$

(4) 息税前利润增长率$=10\%\times2=20\%$

(5) $DFL=10\,000/(10\,000-5\,000)=2$　$DTL=2\times2=4$

2. 测算结果见表 6-2。

表 6-2　测算结果

| B(万元) | S(万元) | V(万元) | $K_b$(%) | $K_c$(%) | K(%) |
|---|---|---|---|---|---|
| 0 | 1 125 | 1 125 | — | 16 | 16 |
| 100 | 1 030 | 1 130 | 8 | 17 | 16.21 |
| 200 | 933 | 1 133 | 10 | 18 | 16.58 |
| 300 | 834 | 1 134 | 12 | 19 | 17.15 |
| 400 | 708 | 1 108 | 14 | 20 | 17.83 |
| 500 | 629 | 1 129 | 16 | 21 | 18.78 |

当债权资本达到 300 万元时,公司的价值最大,这时资本结构最佳,即债权资本为 300 万元,股权资本为 834 万元。

# 第七章
# 投资决策概论

**一、单项选择题**

1. D　　　2. C　　　3. A　　　4. C　　　5. D

6. C　　　7. A　　　8. B　　　9. C　　　10. A

**二、多项选择题**

1. ABE　　2. ABCD　　3. BCD　　4. BCE　　5. ACD

6. AC　　7. CE　　8. AB　　9. ACDE　　10. ACE

**三、判断改错题**

1. ×,改正:按照投资于企业生产经营的关系,可分为直接投资和间接投资;或按照投资时间长短,可分为短期投资和长期投资。

2. √

3. ×,改正:企业应在追求投资收益时,尽可能规避风险。

4. √

5. ×,改正:投资环境评价分析方法包括定量分析法、定性分析法、定量与定性结合分析法。

6. ×,改正:资产按照形态可以划分为有形资产和无形资产。

7. ×,改正:企业负债应适度负债,过度负债会增加企业风险。

8. ×,改正:有效投资组合只能规避非系统性风险。

9. √

10. √

**四、填空题**

1. 间接投资

2. 投资报酬低

3. 投入产出原则

4. 负债

5. 有效界线

**五、名词解释题**

1. **短期投资**是指能够随时变现的,准备持有时间不超过一年的证券投资和其他投资。

2. **直接投资**是指把资金投放于生产经营性资产,通常以货币资产、实物资产和无形资产对本企业和其他企业投资,以获得利润的投资。

3. **对内投资**是指把资金投在企业内部,购置各种生产经营资产的投资,主要是用于资本性支出的投资。

4. 资本组合是指涉及企业负债和自有资本(所有者权益)结构(比例),及其负债、自有资本内部的结构。

5. 不可分散性风险是指系统风险,即所有公司都会遇到的,投资者无法通过组合各种公司股票来分散的风险。

## 六、简答题

1. 投资的分类主要包括:

(1) 按投资于企业生产经营的关系,分为直接投资和间接投资;

(2) 按投资时间,可分为短期投资和长期投资;

(3) 按投资方向,可分为对内投资和对外投资。

2. 投资环境按属性可分为:

(1) 硬环境,即物质条件,包括自然地理、交通运输、邮电通讯和能源供应等;

(2) 软环境,即非物质条件,包括政治、法律、文化等。

3. 定量和定性结合分析法的步骤为:

(1) 收集整理投资环境要素的有关资料;

(2) 确定各主要环境要素在总投资环境要素中所占的比重;

(3) 对各投资环境要素进行评价记分,再乘以环境要素的比重,即为该环境要素的评定分值;

(4) 确定投资中环境系统的总评分;

(5) 对一些难以计量的要素和投资过程中可能发生的变化进行定性分析,调整定量总体分值,得出综合分值。

4. 保守型和激进型的适应结构:

(1) 保守型的适应结构,表现为流动资产不仅由全部短期资本供给,而且还要由相当多的长期资本供给,即长期负债和所有者权益供给。

(2) 激进型的适应结构表现为:流动资产全部由短期资本供给;非流动资产不仅由全部长期资本供给,而且还要由相当多的短期资本(流动负债)供给。

5. 有效多角组合的步骤如下:

(1) 对各种投资项目进行分析,计算出每种投资项目的预期风险和收益;

(2) 进行组合分析,结合预估的每种证券收益和风险,以决定各种可选择组合,从中选择一组有效组合;

(3) 投资者按照投资战略目标,对这一组有效组合再进行组合调整。

# 第八章
## 固定资产与无形资产投资决策

**一、单项选择题**

1. C　　　2. A　　　3. A　　　4. D　　　5. D

6. B　　　7. A　　　8. B　　　9. C　　　10. D

**二、多项选择题**

1. ABD　　2. CD　　3. BE　　4. BC　　5. AC

6. BD　　7. AE　　8. ADE　　9. AB　　10. BCE

**三、判断改错题**

1. ╳,改正:使某投资方案的净现值大于 0 的贴现率,一定小于该投资方案的内含报酬率。

2. √

3. √

4. ╳,改正:投资项目采用加速折旧法计提折旧,计算出来的税后净现值比采用直线法大。

5. ╳,改正:内含报酬率小于行业基准收益率,说明以行业基准收益率折现的投资未全部收回。

6. ╳,改正:当折现率为 8% 时,某项目的净现值为 -200 元,说明该项目的内含报酬率小于 8%。

7. √

8. ╳,改正:若某一方案的净现值小于 0,则该方案的内含报酬率没有达到预定的贴现率,不可行。

9. √

10. ╳,改正:取决于选择的折现率,若折现率为资本成本,净现值等于 0 表明项目产生的现金流量刚好回收了原始投资额,投资者获得了最低的投资回报率。

**四、填空题**

1. 现金流入　现金流出

2. 经营期现金流量

3. 终结期现金流量

4. 投资回收期

5. 净现值

**五、名词解释题**

1. 肯定当量法指将不确定的现金流量调整为确定的现金流量,然后用无风险的报酬率作为折现率计算净现值的方法。

2. 风险调整折现率法指根据投资风险的大小调整折现率,然后计算净现值以进行投资决策分析的方法。

3. 期望值决策法是在不确定条件下进行投资决策的方法,根据现金流量及概率确定投资项目期望现金流量,并据以计算投资项目决策指标的期望值。

4. 投资回收期是指由于投资引起的现金流入累计到与投资额相等所需要的时间。

5. 内部收益率是指能使投资方案的全部现金净流量的现值为零的折现率。

## 六、简答题

1. 选择现金流量指标作为固定资产投资决策指标基础的原因:

(1) 整个投资有效期内,利润总计与现金净流量总计相等,现金流量可以取代利润作为评价项目收益的指标;

(2) 现金流量指标可以保证评价的客观性,因为利润的计算受折旧方法、存货估价方法等人为因素的影响,现金流量的计算不受这些人为因素的影响;

(3) 在投资分析中,现金流动状况比盈亏状况更重要。

2. 从分析影响产品产量的因素入手,得出提高固定资产利用效果的主要途径有以下几个方面:

(1) 改善固定资产结构,增加在用固定资产数量。应力求通过挖掘企业潜力,提高生产经营用固定资产占全部固定资产的比重,减少未使用和不需用的固定资产。在各类固定资产中,形成生产能力的关键资产是生产设备,因此,应努力提高生产设备占生产经营在用固定资产的比重。

(2) 增加生产设备的有效工作时间。从单台设备生产能力看,在生产效率一定的条件下,延长工作时间可以增加生产量。因此,企业应合理增加开工班次,加强对设备的日常检查,减少设备的修理次数和修理时间,缩短设备的准备工作和结束工作时间,减少废品损失,组织均衡生产,减少由于待料、停电等造成的停机时间。

(3) 提高设备生产效率。设备的生产效率可以用设备单位时间生产量来表示。提高设备生产效率,一是要采用先进技术、先进工艺不断对老设备进行技术改造和更新,提高设备的性能;二是提高生产工人的操作技术水平和熟练程度;三是在保证产品质量的前提下,改进产品设计,以求减少产品加工时间。

3. 现金流量的构成:

(1) 购建期现金流量。流入:固定资产更新改造或扩建过程中淘汰旧资产的残值变现收入等。流出:购置固定资产和垫支流动资金的现金流出等。

(2) 经营期现金流量。流入:营业现金流入;费用节约带来现金流入等。流出:购入存货支出;支付工资;纳税和支付的其他经营费用等。

(3) 终结期现金流量。流入:固定资产清理(出售或报废)的残值收入;收回流动资金等。流出:支付清理费用等。

4. 净现值、现值指数、内含报酬率的比较见表 8-1。

表 8-1　比较表

| 比较项目 | 净现值 | 现值指数 | 内含报酬率 |
|---|---|---|---|
| 指标特征 | 绝对指标<br>衡量投资效益 | 相对指标<br>衡量投资效率 | 相对指标<br>衡量投资效益 |

**(续表)**

| 比较项目 | 净现值 | 现值指数 | 内含报酬率 |
|---|---|---|---|
| 是否受设定贴现率影响 | 是 | 是 | 否 |
| 是否反映项目方案本身报酬率 | 否 | 否 | 是 |
| 指标间的关系 | 净现值＞0 时<br>净现值＝0 时<br>净现值＜0 时 | 现值指数＞1<br>现值指数＝1<br>现值指数＜1 | 内含报酬率＞资本成本<br>内含报酬率＝资本成本<br>内含报酬率＜资本成本 |

5.（1）风险调整折现率法一般是调增净现值计算公式的分母,风险调整现金流量法一般是调减净现值计算公式的分子,两者都是对净现值的保守估计。

（2）风险调整折现率法是对高风险的项目采用较高的折现率计算净现值,反之,对低风险的项目采用较低的折现率计算净现值,易理解,操作方便,但此法把时间价值与风险价值混为一谈,夸大了远期风险。

风险调整现金流量法克服了夸大远期风险的不足,可以根据不同年份的风险程度采用不同的肯定当量系数,但合理确定肯定当量系数是比较困难的。

**七、计算题**

1. 甲方案

年现金净流量＝(40 000－20 000－13 500)×(1－25%)＋13 500＝18 375(元)

净现值＝18 375×(P/A,8%,4)－54 000＝18 375×3.312－54 000＝60 858－54 000
　　　＝6 858(元)

现值指数＝60 858/54 000＝1.13

内含报酬率的计算:

年金现值系数＝54 000/18 375＝2.939

查表,利率为 13%时,系数 2.974;利率为 14%时,系数 2.914

内含报酬率＝13%＋[(2.974－2.939)/(2.974－2.914)]×1%＝13.58%

乙方案

第 1 年现金净流量＝(35 000－10 000－15 000)×(1－25%)＋15 000＝22 500(元)

第 2 年现金净流量＝(35 000－10 500－15 000)×(1－25%)＋15 000＝22 125(元)

第 3 年现金净流量＝(35 000－11 000－15 000)×(1－25%)＋15 000＝21 750(元)

第 4 年现金净流量＝(35 000－11 500－15 000)×(1－25%)＋15 000＋4 000＋16 000
　　　　　＝41 375(元)

净现值＝22 500×0.926＋22 125×0.857＋21 750×0.794＋41 375×0.735－80 000＝
87 476.25－80 000＝7 476.25(元)

现值指数＝87 476.25/80 000＝1.09

内含报酬率的计算:

用 11％测试,净现值＝22 500×0.901＋22 125×0.812＋21 750×0.731＋41 375×0.659－80 000＝1 403.38(元)

用 12％测试,净现值＝22 500×0.893＋22 125×0.797＋21 750×0.712＋41 375×0.636－80 000＝－473.38(元)

内含报酬率＝11％＋[(1 403.38－0)/(1 403.38＋473.38)]×1％＝11.75％

结论:因甲方案的净现值＜乙方案的净现值,故乙方案好。

2. A 方案

净现值＝28 000×(P/A,9％,8)－150 000＝28 000×5.535－150 000
　　　＝4 980(元)

年均净现值＝4 980/5.535＝899.73(元)

B 方案

净现值＝32 000×(P/A,9％,10)－200 000＝32 000×6.418－200 000＝5 376(元)

年均净现值＝5 376/6.418＝837.64(元)

因净现值指标通常是评价投资效果的指标,符合追求企业价值最大化的财务管理目标。A 方案的年均净现值＞B 方案的年均净现值,故该公司应选择 A 方案投资。

3. (1) 税后利润的计算

第 1～2 年各为:30 000＋(50 000－20 000－25 000)×(1－25％)＝33 750(元)

第 3～4 年各为:30 000＋(60 000－29 000－25 000)×(1－25％)＝34 500(元)

(2) 现金流量

第 1～2 年各为:33 750－30 000＋25 000＝28 750(元)

第 3 年:34 500－30 000＋25 000＝29 500(元)

第 4 年:34 500－30 000＋25 000＋6 000＝35 500(元)

净现值＝28 750×(P/A,7％,2)＋29 500×(P/F,7％,3)＋35 500×(P/F,7％,4)－10 600
　　　＝28 750×1.808＋29 500×0.816＋35 500×0.763－106 000＝－2 861.5(元)

因净现值＜0,方案不可行。

4. A 型设备

年折旧＝30 000×(1－10％)/5＝5 400(元)

| | 系数 | 现值(元) |
|---|---|---|
| 原价＝－30 000(元) | 1 | －30 000 |
| 年税后修理费＝－2 000×(1－25％)＝－1 500(元) | 3.89 | －5 835 |
| 折旧抵税＝5 400×25％＝1 350(元) | 3.89 | 5 251.5 |
| 残值收入＝1 500(元) | 0.65 | 975 |
| 残值损失减税＝(3 000－1 500)×25％＝375(元) | 0.65 | 243.75 |
| 合计 | | －29 364.75 |
| 平均年成本 | | 7 548.78 |

B 型设备

年折旧＝40 000×(1－10％)/5＝7 200(元)

|  | 系数 | 现值(元) |
|---|---|---|
| 原价＝－40 000(元) | 1 | －40 000 |
| 税后修理费(元) |  |  |
| 　第 1 年:2 500×(1－25％)＝－1 875 | 0.917 | －1 719.38 |
| 　第 2 年:3 000×(1－25％)＝－2 250 | 0.842 | －1 894.5 |
| 　第 3 年:3 500×(1－25％)＝－2 625 | 0.772 | －2 026.5 |
| 　第 4 年:4 000×(1－25％)＝－3 000 | 0.708 | －2 124 |
| 　第 5 年:4 500×(1－25％)＝－3 375 | 0.65 | －2 193.75 |
| 　第 6 年:5 000×(1－25％)＝－3 750 | 0.596 | －2 235 |
| 折旧抵税＝7 200×25％＝1 800(元) | 3.89 | 7 002 |
| 残值收入 5 000(元) | 0.596 | 2 980 |
| 残值收益纳税＝(4 000－5 000)×25％＝－250(元) | 0.596 | －149 |
| 合计 |  | －42 360.13 |
| 平均年成本 |  | 9 442.74 |

结论:A 型设备的平均年成本较低,应购买 A 型设备。

5. 原始投资现值＝500 000＋21 000＋22 000×$(P/F,9\%,3)$＋60 000

　　　　　　＝581 000＋22 000×0.772＝597 984(元)

各年现金流量计算:

年折旧＝500 000×(1－10％)/4＝112 500(元)

第 1～3 年装修费年摊销＝21 000/3＝7 000(元)

第 4～5 年装修费年摊销＝22 000/2＝11 000(元)

第 1～3 年现金流量＝(180 000－40 000－112 500－7 000)×(1－25％)＋112 500＋7 000

　　　　　　＝134 875(元)

第 4 年现金流量＝(216 000－40 000－112 500－11 000)×(1－25％)＋112 500＋11 000

　　　　　　＝162 875(元)

第 5 年现金流量＝(259 200－40 000－11 000)×(1－25％)＋11 000＋40 000＋10 000×

25％＋60 000＝269 650(元)

现金流量折算为现值＝134 875×2.531＋162 875×0.708＋269 650×0.65

　　　　　　＝631 956.63(元)

净现值＝631 956.63－597 984＝33 972.63(元)

因净现值＞0,项目可行。

6. 甲方案

年付现成本现值＝60 000×(1－25％)×$(P/A,9\%,4)$＝60 000×(1－25％)×3.24

　　　　　　＝145 800(元)

年折旧抵税现值＝16 875×25％×$(P/A,9\%,4)$＝16 875×25％×3.24＝13 668.75(元)

残值现值＝15 000×(P/F,9%,4)＝15 000×0.708＝10 620(元)

现金流出现值合计＝145 800－13 668.75－10 620＝121 511.25(元)

乙方案

投资＝30 000(元)

年付现成本现值＝40 000×(1－25%)×(P/A,9%,4)＝40 000×(1－25%)×3.24
　　　　　　＝97 200(元)

年折旧抵税现值＝(16 875＋6 750)×25%×(P/A,9%,4)＝23 625×25%×3.24
　　　　　　＝19 136.25(元)

残值现值＝(15 000＋3 000)×(P/F,9%,4)＝18 000×0.708＝12 744(元)

现金流出现值合计＝30 000＋97 200－19 136.25－12 744＝95 319.75(元)

丙方案

投资＝50 000(元)

年付现成本现值＝35 000×(1－25%)×(P/A,9%,4)＝35 000×(1－25%)×3.24
　　　　　　＝85 050(元)

年折旧抵税现值＝(16 875＋11 250)×25%×(P/A,9%,4)＝28 125×25%×3.24
　　　　　　＝22 781.25(元)

残值现值＝(15 000＋5 000)×(P/F,9%,4)＝20 000×0.708＝14 160(元)

现金流出现值合计＝50 000＋85 050－22 781.25－14 160＝98 108.75(元)

结论:因乙方案的现金流出现值较其他方案低,故该公司选择乙方案进行投资。

7. (1) 甲方案

年付现成本现值＝120 000×(1－25%)×(P/A,9%,8)＝90 000×5.535＝498 150(元)

年折旧抵税现值＝112 500×25%×(P/A,9%,4)＋22 500×25%×(P/A,9%,8)
　　　　　　＝28 125×3.24＋5 625×5.535＝122 259.38(元)

残值现值＝100 000×(P/F,9%,4)＋20 000×(P/F,9%,8)
　　　　＝100 000×0.708＋20 000×0.502＝80 840(元)

现金流出现值合计＝498 150－122 259.38－80 840＝295 050.62(元)

年平均成本现值＝295 050.62/5.535＝53 306.35(元)

乙方案

投资净支出＝800 000－500 000－50 000×25%＝287 500(元)

年付现成本现值＝60 000×(1－25%)×(P/A,9%,8)＝45 000×5.535＝249 075(元)

年折旧抵税现值＝90 000×25%×(P/A,9%,8)＝90 000×25%×5.535＝124 537.50(元)

残值现值＝80 000×(P/F,9%,8)＝80 000×0.502＝40 160(元)

现金流出现值合计＝287 500＋249 075－124 537.5－40 160＝371 877.50(元)

年平均成本现值＝371 877.5/5.535＝67 186.54(元)

(2) 因甲方案的年平均成本现值低于乙方案的平均年成本现值,故应选择甲方案投资。

8. 旧设备

年付现成本现值＝12 000×(1－25%)×(P/A,9%,3)＝12 000×(1－25%)×2.531

$$=22\ 779(元)$$

年折旧抵税现值$=9\ 000\times25\%\times(P/A,9\%,2)=9\ 000\times25\%\times1.759=3\ 957.75(元)$

残值现值$=(4\ 500+500\times25\%)\times(P/F,9\%,3)=4\ 625\times0.772=3\ 570.50(元)$

现金流出现值合计$=22\ 779-3\ 957.75-3\ 570.5=15\ 250.75(元)$

年平均成本现值$=15\ 250.75/2.531=6\ 025.58(元)$

新设备

投资净支出$=$原价$-$旧设备变现价值$+$旧设备处置收益纳税

$$=40\ 000-24\ 000+[24\ 000-(50\ 000-9\ 000\times3)]\times25\%=16\ 250(元)$$

年付现成本现值$=11\ 000\times(1-25\%)\times(P/A,9\%,5)=11\ 000\times(1-25\%)\times3.89$

$$=32\ 092.5(元)$$

折旧抵税现值

第1年:$(40\ 000-4\ 000)\times(5/15)\times25\%\times0.917=2\ 751(元)$

第2年:$36\ 000\times(4/15)\times25\%\times0.842=2\ 020.8(元)$

第3年:$36\ 000\times(3/15)\times25\%\times0.772=1\ 389.6(元)$

第4年:$36\ 000\times(2/15)\times25\%\times0.708=849.6(元)$

第5年:$36\ 000\times(1/15)\times25\%\times0.65=390(元)$

小计　　　　　　　　　$7\ 401(元)$

残值现值$=(4\ 200-200\times25\%)\times(P/F,9\%,5)=4\ 100\times0.65=2\ 665(元)$

现金流出现值合计$=16\ 250+32\ 092.5-7\ 401-2\ 665=38\ 276.5(元)$

年平均成本现值$=38\ 276.5/(P/A,9\%,5)=38\ 276.5/3.89=9\ 839.72(元)$

结论:因新设备年平均成本现值高于旧设备年平均成本现值,故不应更换设备。

9. 原始投资$=600\ 000+80\ 128=680\ 128(元)$

设销量$x$件,则:

第1~5年营业现金流量$=(10x-200\ 000-10\ 800)\times(1-25\%)+10\ 800=7.5x-147\ 300$

第5年终结现金流量$=80\ 128+49\ 829.33+10\ 170.67\times25\%=132\ 500(元)$

$(7.5x-147\ 300)\times(P/A,9\%,5)+132\ 500\times(P/F,9\%,5)=680\ 128$

$(7.5x-147\ 300)\times3.89+132\ 500\times0.65=680\ 128$

$x=40\ 000(件)$

10. 旧设备

年付现成本现值$=50\times(1-25\%)\times(P/A,9\%,4)=50\times(1-25\%)\times3.24=121.5(万元)$

年折旧抵税现值$=13.75\times25\%\times(P/A,9\%,4)=13.75\times25\%\times3.24=11.14(万元)$

残值现值$=(12-2\times25\%)\times(P/F,9\%,4)=11.5\times0.708=8.14(万元)$

现金流出现值合计$=121.5-11.14-8.14=102.22(万元)$

年平均成本现值$=102.22/3.24=31.55(万元)$

新设备

投资净支出$=150-60-(60-13.75\times4)\times25\%=88.75(万元)$

年付现成本现值$=35\times(1-25\%)\times(P/A,9\%,5)=35\times(1-25\%)\times3.89$

$=102.11$(万元)

年折旧抵税现值$=27\times25\%\times(P/A,9\%,5)=27\times25\%\times3.89=26.26$(万元)

残值现值$=(14+1\times25\%)\times(P/F,9\%,5)=(14+1\times25\%)\times0.65=9.26$(万元)

现金流出现值合计$=88.75+102.11-26.26-9.26=155.34$(万元)

年平均成本现值$=155.34/(P/A,9\%,5)=155.34/3.89=39.93$(万元)

结论:因新设备年平均成本现值高于旧设备的年平均成本现值,故不应更新设备。

## 八、综合分析题

1. (1) 新设备投资净支出$=$设备原价$+$营运资金$-$旧设备变现价值$-$旧设备处置损失抵税$=100\,000+20\,000-40\,000-(80\,000-9\,000\times4-40\,000)\times25\%=79\,000$(元)

新设备年折旧$=22\,500$(元)

旧设备年折旧$=9\,000$(元)

$\Delta$折旧$=22\,500-9\,000=13\,500$(元)

$\Delta$第$1\sim4$年营业现金流量$=(40\,000-20\,000-13\,500)\times(1-25\%)+13\,500=18\,375$(元)

新设备终结现金流量$=20\,000+11\,000-1\,000\times25\%=30\,750$(元)

旧设备终结现金流量$=6\,000+2\,000\times25\%=6\,500$(元)

$\Delta$第4年终结现金流量$=30\,750-6\,500=24\,250$(元)

$\Delta$净现值$=18\,375\times(P/A,8\%,4)+24\,250\times(P/F,8\%,4)-79\,000=18\,375\times3.312+24\,250\times0.735-79\,000=-318.25$(元)

(2) 投资回收期$=79\,000/18\,375=4.3$(年)

(3) 内含报酬率的计算,用$7\%$测试

净现值$=18\,375\times(P/A,7\%,4)+24\,250\times(P/F,7\%,4)-79\,000=18\,375\times3.387+24\,250\times0.763-79\,000=1\,738.88$(元)

内含报酬率$=7\%+[(1\,738.88-0)/(1\,738.88+318.25)]\times1\%=7.85\%$

(4) 因净现值$<0$,内含报酬率$<$折现率,故售旧更新方案不可行。

2. 现金流量期望值

前5年:$40\times0.7+35\times0.3=38.5$(万元)

后5年:$30\times0.6+22\times0.4=26.8$(万元)

各年现金流入的标准差:

$\delta_1=\sqrt{(40-38.5)^2\times0.7+(35-38.5)^2\times0.3}=2.43$(万元)

$\delta_2=\sqrt{(30-26.8)^2\times0.6+(22-26.8)^2\times0.4}=3.92$(万元)

各年现金流入的变化系数:

$b_1=2.43/38.5=0.06$

$b_2=3.92/26.8=0.15$

根据变化系数与肯定当量系数之间的关系,得知肯定当量系数:

$VD_1=0.8$

$VD_2=0.6$

肯定现金流量:

$d_1 = 38.5 \times 0.8 = 30.80(万元)$

$d_2 = 26.8 \times 0.6 = 16.08(万元)$

净现值$=30.8 \times (P/A, 9\%, 5) + 16.08 \times (P/A, 9\%, 5) \times (P/F, 9\%, 5) - 150$

$\qquad = 30.8 \times 3.89 + 16.08 \times 3.89 \times 0.65 - 150$

$\qquad = 10.47(万元)$

净现值$>0$,所以该投资方案可行。

# 第九章
# 对外投资管理

**一、单项选择题**

1. D 　　　2. D 　　　3. B 　　　4. B 　　　5. C

6. A 　　　7. B 　　　8. D 　　　9. B 　　　10. C

**二、多项选择题**

1. BCD 　　2. ABCDE 　3. ABC 　　4. ABC 　　5. ABCDE

6. CD 　　　7. BCDE 　　8. ABCDE 　9. ABCD 　10. CDE

**三、判断改错题**

1. √

2. ×,改正:证券投资基金中投资风险最小的是货币市场型基金,或证券投资基金中投资风险最大的是股票型基金。

3. √

4. ×,改正:中外投资者共同投资、共同经营、共负盈亏和共担风险的投资。

5. ×,改正:基本因素分析法是通过对影响证券价格变动的基本因素,特别是证券的内在价值的分析来预测价格的变化态势的方法,主要适用于长期证券投资分析。

6. ×,改正:我国上市的股票是记名股票。

7. ×,改正:经过吸收合并,参与合并的企业只保留一个法人地位,其余的丧失法人地位,不复存在。或经过新设合并,参与合并的企业均失去原有法人地位,重新设立为新的法人。

8. ×,改正:在合资企业中,双方出资的资产均必须全部折算为注册资本,确定各自的投资比例。

9. √

10. √

**四、填空题**

1. 中外合资　合作　合并

2. 吸收合并　控股合并

3. 1988　封闭式基金　资本市场　内资基金管理公司　境内投资

4. 公司型基金　契约型基金

5. 成长型投资基金　平衡型投资基金

**五、名词解释**

1. 吸收合并投资也称兼并投资,它是法人地位将继续保留的一方向法人地位将要失去的一方的投资。经过吸收合并,参与合并的企业一般只保留一个法人地位,其余的丧失法人地位,不复存在。

2. 开放式基金是指基金规模不固定,投资者可以依据基金单位净值申购与赎回,基金单位的规模因投资者的申购与赎回而相应增加或减少的基金,开放式基金不上市交易。

3. 基金累计净值是基金资产净值与基金成立以来累计分红的总和。

4. 证券投资技术分析法是根据证券市场过去的统计资料,以一定的数据指标,特别是图标资料来分析预测证券价格的变化态势,从而择优选择证券的方法。

5. 对外投资是指企业内部扩展生产经营投资以外的投资,即企业以现金、实物资产和无形资产对其他企业进行直接投资,或以购买有价证券的方式进行间接投资。

## 六、简答题

1. 对外短期投资的目的是为了保持资金的灵活性,正确地处理资产流动性和盈利性的关系。

对外长期投资的目的是:第一,控制其他企业的经营业务,使其为企业经营服务。其二,以较少的资金实现企业扩张,增加产品销量,迅速扩大市场份额,以联合互补的方式吸取资金与技术,提高企业的资产营运能力;其三,积累整笔资金,以供特定用途的需要。

2. (1) 被投资企业的性质、组织形式、归属行业及其发展过程、厂址、占地面积与自然环境;(2) 企业过去和现有的生产规模,供、产、销状况,主要经营范围与经营管理水平;(3) 企业领导班子素质及其对联营项目的重视程度。

3. 可以分为横向合并投资、纵向合并投资和混合合并投资。合并投资可以增加资产的流动性,降低偿债的财务风险。企业通过横向合并投资,可以减少在激烈竞争中倒闭的风险。通过纵向和混合合并投资,增加经营产品的多样性,可减少经营单一产品的经营风险。

4. 主要有基本因素分析法和技术分析法。

基本因素分析法是通过对影响证券价格变动的基本因素,特别是证券的内在价值的分析来预测价格的变化态势,从而择优选择证券的方法。这种方法试图回答这样的问题:"投资什么?",其侧重于根据各种影响因素的分析确定投资对象的实际价值或内在价值,故适用于长期投资的分析。

技术分析法是根据证券市场过去的统计资料,以一定的数据指标,特别是图表资料来分析预测证券价格的变化态势,从而择优选择证券的方法。这种分析方法试图回答:"什么时候投资?",其侧重于供给与需求关系的研究,故适用于短期证券投资。

5. 基金投资的种类有证券基金投资、创业基金或风险基金投资和产业基金投资。普通投资者由于受到资金量和消息面的限制,通常选择证券基金投资。

## 七、计算题

1. 并购净收益=并购后的企业价值-并购前甲的市场价值-并购交易价格-并购交易费用=22 000-12 000-8 500-8 500×10%=650(万元)

2. 新 A 公司净利润=30 000+8 000+1 600×(1-25%)=39 200(万元)

新 A 公司股份总额=原股份+增发股份=12 000+10/17×4 000=14 352.94(万股)

新 A 公司预计每股收益=39 200/14 352.94=2.73(元)

3. 股票交换比率即目标公司每股股票可换取并购公司股票的数量

A公司:

每股收益＝3 000÷3 000＝1(元)

每股市价＝20×1＝20(元)

B公司:

每股收益＝80÷100＝0.8(元)

每股市价＝25×0.8＝20(元)

$$股票交换率＝\frac{B公司每股作价}{A公司每股市价}＝\frac{20×(1＋10\%)}{20}＝1.1$$

故 A 公司需要增发股票数＝1.1×100＝110(股)

4. 基金单位净值＝(基金资产总值－基金负债总额)/基金单位总份额

基金单位净值＝(20×15＋60×31＋110×12＋1 200－400－600)/2 000＝3 680/2 000

＝1.84(元)

5. (1) 计算本年年初的有关指标

① 基金净资产价值总额＝基金资产市场价值－负债总额＝3 500－500＝3 000(万元)

② 基金单位净值＝3 000/1 000＝3(元)

③ 基金认购价＝基金单位净值＋首次认购费＝3＋3×5%＝3.15(元)

④ 基金赎回价＝基金单位净值－基金赎回费＝3(元)

(2) 计算本年年末的有关指标:

① 基金净资产价值总额＝基金资产市场价值－负债总额＝4 840－520＝4 320(万元)

② 基金单位净值＝4 320/1 200＝3.60(元)

③ 基金认购价＝基金单位净值＋首次认购费＝3.60＋3.60×5%＝3.78(元)

④ 基金赎回价＝基金单位净值－基金赎回费＝3.6(元)

(3) 单位基金净值增长率＝(3.6－3.0)/3.0×100%＝20%

## 八、案例分析题

(1) "TCL 模式"在兼并策略上体现以下特点:

① 实现优势互补。TCL 的优势是国内城市市场,香港陆氏集团的优势在于海外市场和香港本土市场,"美乐"集团的优势在于农村市场。从兼并结果看,兼并后的 TCL 集团的市场销售能力进一步扩大了,真正实现了强强合并。除此之外,在技术、管理、生产能力上也整体形成了协同效应。

② 实现低成本高效益。从兼并的对象的选择中可以看出,TCL 这两次兼并的对象都是有的放矢,都是对紧密关联资本的有机兼并,补充了 TCL 集团原有资本功能方面的不足之处。

③ 进一步集中了市场控制主动权。可以看出,TCL 在兼并活动中非常看重品牌和销售网络等商业资本的综合运用。兼并后既利用了香港资本,形成了海外扩张态势,又巩固了国内市场,形成了城市市场和农村市场齐头并进的态势。

④ TCL 在国外资本市场纷纷抢滩中国市场的背景下,反其道行之,积极开拓海外市场,增强了民族资本的竞争力,坚定了中国企业走出去的决心和信心。

(2) "TCL 模式"的成功对国有企业发展的启示。

① 资本经营是企业经营的发展方向，企业利用资本经营能够迅速、高效、有效实施企业资本扩张计划，形成规模效应、弱化恶性竞争。

② 中国的企业经过长时间的发展以后，完全有能力走出去，成为国际品牌。

③ 政府在功能服务中，应该积极为中国的企业走出国门加大服务力度。

# 第十章
# 营运资金管理

**一、单项选择题**

1. D      2. C      3. B      4. D      5. A

6. D      7. D      8. B      9. D      10. A

**二、多项选择题**

1. BC      2. BCD      3. ABCDE      4. BCDE      5. BC

6. ACD      7. ABC      8. ABCD      9. ABCD      10. ABC

**三、判断改错题**

1. ×,改正:订货成本的高低取决于订货的批次与每次订购费用。

2. ×,改正:企业的应收账款周转率越大,说明发生坏账损失的可能性越小,或企业的应收账款周转率越小,说明发生坏账损失的可能性越大。

3. ×,改正:缺货成本就是缺少存货造成的生产经营损失额。

4. √

5. √

6. ×,改正:年会计计算期天数与应收账款周转天数之比是应收账款周转次数。

7. ×,改正:企业的现金越多,支付能力越强,则盈利能力越弱。

8. ×,改正:现金周转期是存货周转期与应收账款周转期之和减应付账款周转期。

9. √

10. √

**四、填空题**

1. 流动资产

2. 始点 终点 流动性

3. 付款期限

4. 应收账款周转率 过期账款

5. 每次采购的数量

**五、名词解释题**

1. 现金的周期模式是指根据企业现金的周转速度来确定现金存量的方法,即运用周期模式确定企业最佳现金存量的公式。

2. 信用标准是指企业在给客户信用时,要求客户须满足的起码条件,主要是指客户达到最低支付能力的财力状况。

3. 收账政策是指企业催收已过期的应收账款所遵循的程序及有关策略。

4. 采购批量是指每次采购的数量。它既要满足生产需要，又要最大限度降低成本。

5. 信用期间是指企业给予客户的付款期间。信用期间的长短不同，对企业经营成果的影响程度也不同。

**六、简答题**

1. 5C 系统包括：

(1) 资本，资本的多少表明客户的财务能力；

(2) 品行，指客户的信誉或形象；

(3) 能力，指客户流动资产的数量、质量以及流动负债的状况；

(4) 担保品，指客户为了获取交易信用，提供给企业作为担保用的资产；

(5) 情况，指可能影响客户负债能力的经济环境和地理环境。

2. (1) 客户的资产负债表、损益表和现金流量表的主要项目；

(2) 有关支付能力的财务比率及其对这些比率的分析；

(3) 来自客户开户银行和与其发生供销关系企业的信用资料，如过去是否延迟或迅速付款，过期的平均天数，最近是否有未能按时还款的事项，还包括客户过去是否有过"破产"的诉讼，以及欺诈等记录；

(4) 针对客户的经营情况作出的文字说明；

(5) 评价客户的信用情况，决定是否采用信用方式，如果采用信用方式，还需要结合定量分析方法决定信用的数额和期限。

3. 包含四个要素，即信用标准、信用期限、收账政策和现金折扣。

信用标准是指企业给予客户信用时，对客户所要求的起码条件，主要是指客户达到最低支付能力的财力状况。

信用期间是指企业给予客户的付款期间。信用期间的长短不同，对企业经营成果的影响程度也不同。

收账政策是指企业催收已过期的应收账款所遵循的程序及有关策略。

在制定信用政策时，企业要考虑的最后一个因素就是现金折扣。

4. ABC 分类法又称重点管理法，它是运用数量统计的方法，按照一定的要求，将材料分品种并按其所占材料总额的比重以及生产中的作用划分为 A、B、C 三类。一般的分类是：

A 类存货，品种占 15% 左右，金额占 70% 左右，这类材料是管理的重点；

B 类存货，品种占 35% 左右，金额占 20% 左右，这类材料的管理介于 A 和 C 之间；

C 类存货，品种占 50% 左右，金额占 10% 左右，这类材料管理比较宽松。

5. 营运资金的特点是：

(1) 流动性强，流动资产是指能在一年或者超过一年的一个营业周期内变现或耗用。

(2) 回收期短，与固定资产比较，其循环周期较短，完成一次循环的时间与生产经营的周期基本一致。

(3) 灵敏度高，流动资产占用量的变化、分布状况和内部结构比例关系能够迅速敏感地反映企业的生产经营水平及理财状况。

**七、计算题**

1. $Q^* = \sqrt{\dfrac{2 \times 4\,800 \times 200}{12}} = 400(千克)$

2. 现金周转期 $= 120 + 80 - 70 = 130(天)$

最佳现金持有量 $= 1\,400/360 \times 130 = 505.56(万元)$

3. $Q^* = \sqrt{\dfrac{2 \times 400\,000 \times 60}{0.08}} = 24\,494(元)$

4. $Q^* = \sqrt{\dfrac{2 \times 2\,000 \times 50}{20 \times 25\%}} = 200(公斤)$

企业最佳采购批量 200 公斤

全年的采购次数 $= 2\,000/200 = 10(次)$

5. $Q^* = \sqrt{\dfrac{2 \times 72\,1\,600 \times 11\,000}{4\,000 \times 7\,000}} \approx 30(吨)$

$RP = \dfrac{30 \times 4\,000}{4\,000 + 7\,000} = 10.90(吨)$

**八、综合分析题**

1. 采用现金折扣的损失 $= 5\,000\,000 \times 2\% = 100\,000(元)$

减少的机会成本 $= 3\,500\,000 \times 30\% \times 20/360 = 58\,333(元)$

减少的坏账损失、收账费用 $= 1/4 \times 40\,000 + 50\,000 = 60\,000(元)$

$58\,333 + 60\,000 = 118\,333 > 100\,000$,该方案可行。

2. (1) 计算丙方案的下列指标:

① 应收账款平均收账天数 $= 30 \times 40\% + 90 \times 40\% + (90 + 60) \times 20\% = 78(天)$

② 应收账款机会成本 $= 1\,620/360 \times 78 \times 80\% \times 10\% = 28.08(万元)$

③ 现金折扣 $= 1\,620 \times 40\% \times 2\% = 12.96(万元)$

(2) 

表 10-1 三个方案信用成本前后的收益　　　　　　　　单位:万元

| 项目 | 甲方案($n/60$) | 乙方案($n/90$) | 丙方案($2/30, n/90$) |
|---|---|---|---|
| 年赊销额 | 1 440 | 1 530 | 1 620 |
| 减:现金折扣 | — | — | 12.96 |
| 年赊销额净额 | 1 440 | 1 530 | 1 607.04 |
| 减:固定成本 | 32 | 35 | 40 |
| 变动成本 | 1 152 | 1 224 | 1 296 |
| 信用成本前收益 | 256 | 271 | 271.04 |
| 减:应收账款机会成本 | 28.80 | 40.80 | 28.08 |
| 坏账损失 | 36 | 45.90 | 43.74 |
| 收账费用 | 20 | 25 | 24 |
| 信用成本合计 | 84.80 | 111.70 | 95.82 |
| 信用成本后收益 | 171.20 | 159.30 | 175.22 |

结论:由于丙方案的信用成本后收益最大,应选择丙方案。

# 第十一章
## 收益分配管理

**一、单项选择题**

1. C  　2. A  　3. B  　4. C  　5. D
6. C  　7. D  　8. B  　9. C  　10. A

**二、多项选择题**

1. ABCDE  2. ABCE  　3. ACDE  　4. ABCE  　5. BCDE
6. AC  　7. ABCDE  8. BD  　9. ABCDE  10. BCDE

**三、判断题**(共10题,在该题括号中错的打"×"并改正,对的打"√")

1. √

2. ×,改正:公司采取剩余股利政策可以优化资本结构,实现企业价值最大化,从而有利于企业树立良好的形象;或公司采取固定股利政策可以稳定股利额,有利于投资者安排股利收入和支出,向市场传递着公司正常发展的信息。

3. √

4. ×,改正:"在手之鸟"理论认为企业应保持较高水平的股利支付政策。

5. ×,改正:企业应当按净利润的10%提取法定盈余公积金,但盈余公积金累计额达到公司注册资本的50%时,可以不再提取。

6. ×,改正:处于经营收缩期的公司多采取多分少留的政策,而成长期的公司多采取少分多留的政策。

7. √

8. √

9. √

10. ×,改正:发放股票股利会降低公司每股净资产。

**四、填空题**

1. 净利润

2. 现金股利

3. 固定股利支付率政策

4. 提取盈余公积金

5. 合同限制因素

**五、名词解释**

1. 除权除息日是指股权登记日后的第一个交易日就是除权除息日,这一天购入该公司股票的股东不再享有公司此次分派的股利。

2. 剩余股利政策是指在公司有着良好的投资机会时,根据目标资本结构(最佳资本结构),测算出投资所需的权益资本额,先从盈余中留用,然后将剩余的盈余作为股利来分配。

3. 固定股利或持续增长的股利政策是指将每年发放的股利保持在某一固定的水平上并在较长时期内不变,只有当公司认为未来盈余会显著地、不可逆转地增长时,才提高年度的股利发放额。

4. 股票股利是指公司以转赠或送股的方式向股东支付股利。股票股利并不直接增加股东的财富,不会导致公司资产的流出或负债的增加,因而不是公司资金的使用,同时也并不因此而增加公司的财产,但会引起所有者权益各项目的结构发生变化。

5. 股票回购是指上市公司利用债务或留存收益资金,以一定价格购回公司已发行在外的普通股的行为。

**六、简答题**

1. (1) 短期债权人的利益要求:短期债权人关注的是企业资产的流动性及企业在短期内偿还到期债务的能力。如果企业制定的股利分配方案中现金股利的比例过大,必然导致企业资产的流动性减弱,企业偿还短期债务的能力下降,从而威胁债权人的利益。因此,短期债权人的利益要求是支付现金股利后企业流动资产还足以偿还其短期债务。

(2) 长期债权人的利益要求:长期债权人所提供资本的偿还期较长,所以他们比短期债权人更加关心企业的发展前景和长期盈利的稳定性。由于企业如约偿还长期债务的能力主要取决于企业的基本盈利水平,长期债权人要求股利支付不能影响企业的发展后劲。在风险和收益并存的情况下,企业的财务风险及所面临的宏观经济运行风险,在很大程度上支配着长期债权人对企业股利分配的利益要求。当经济形势处于低谷时,企业面临的营业风险将会增大,从而使长期债权人的利益受到影响。此时,为了保障贷款的安全性,他们会强烈要求企业降低现金股利支付比例,甚至要求企业不分配现金股利。

2. (1) 法律因素:① 资本保全与积累限制;② 无力偿付的限制;③ 利润约束;④ 现金积累的限制。

(2) 合同限制因素。

(3) 股东因素:① 为保证控股权而限制股利支付;② 为避税目的而限制股利支付;③ 为取得固定收入或逃避风险而要求支付股利。

(4) 公司自身因素:① 资金的变现能力;② 盈余的稳定性;③ 投资机会;④ 筹资能力;⑤ 资本成本。

3. 股票回购是现金股利的一种替代方式,即企业通过购回股东所持股票的方式将现金分配给股东。类型:(1) 交换要约回购,公司可以向股东发出债券或优先股的交换要约;(2) 现金要约回购,可以分为固定价格要约回购和荷兰式拍卖回购;(3) 公开市场回购,即公司在股票市场以等同于任何潜在投资者的地位,按照公司股票的当前市场价格回购;(4) 私下协议批量购买,通常作为公开市场收购方式的补充而非替代方式。

4. 股份有限公司向股东支付股利的程序为:股利宣告日、股权登记日、除权除息日和股利支付日。

5.（1）剩余股利政策，就是在公司有着良好的投资机会时，根据目标资本结构，测算出投资所需的权益资本额，先从盈余中留用，然后将剩余的盈余作为股利来分配。采用本政策的理由：为了保持理想的资本结构，使加权平均资本成本最低。

（2）固定股利支付率政策，指公司确定一个股利占盈余的比例，长期按此比率支付股利的政策。采用本政策的理由：这样做能使股利与公司盈余紧密地配合，以体现多盈多分、少盈少分、无利则不分的原则，真正公平地对待每一位股东。

（3）固定或持续增长的股利政策，指公司每年支付的股利保持在某一固定的水平上并在较长时间内不变，只有当公司认为未来盈余会显著地、不可逆转地增长时，才提高年度股利发放额。采用本政策的理由：① 稳定的股利额有利于投资者安排股利收入和支出；② 稳定的股利向市场传递着公司正常发展的信息，有利于树立公司良好形象，增强投资者对公司的信心，稳定股票的价格；③ 考虑到股票市场会受到多种因素的影响，为了使股利维持在稳定的水平上，即使推迟某些投资方案或者暂时偏离目标资本结构，也可能比降低股利或降低股利增长率更为有利。

（4）低正常股利加额外股利政策，指公司一般情况下每年只支付固定的、数额较低的股利，在盈余多的年份，再根据实际情况向股东发放额外股利。采用本政策的理由：① 可使那些依靠股利度日的股东每年至少可以得到虽然比较低但比较稳定的股利收入，从而吸引住这部分股东。② 使公司股利政策具有较大的灵活性。

**七、计算题**

1.（1）该公司本年应分配的现金股利＝$900-500\times60\%=600$（万元）

（2）该公司本年应分配的现金股利为 420 万元

（3）该公司本年应分配的现金股利＝$900\times420/1\,200=315$（万元）

（4）该公司本年应分配的现金股利为 420 万元

2. 本年公司留存利润＝$1\,000-300=700$（万元）

下年股权资本需要量＝$2\,000\times60\%=1\,200$（万元）

下年外部筹集股权资本的数额＝$1\,200-700=500$（万元）

3.（1）下年发放的股利＝$600\times(1+5\%)\times45\%=283.5$（万元）

（2）下年发放的股利＝$270+600\times5\%\times1\%=270.3$（万元）

4.（1）净利润＝$4\,000\times2=8\,000$（万元）

（2）股票回购后每股收益＝$8\,000/(4\,000-800)=2.5$（元）

5.（1）拥有股票数量＝$160\times(1+25\%)=200$（股）

（2）每股除权价＝$25\times160/200=20$（元）

（3）发放股利前的总市值＝$25\times160=4\,000$（元）

发放股利后的总市值＝$20\times200=4\,000$（元）

**八、综合分析题**

（1）下年投资方案所需的权益资本＝$700\times60\%=420$（万元）

下年投资方案所需从外部借入的长期债务资本＝$700\times40\%=280$（万元）

（2）本年可分配的现金股利＝$900-420=480$（万元）

(3) 下年分配的现金股利为 550 万元

可用于下年投资的留存收益＝900－550＝350(万元)

(4) 公司的股利支付率＝550/1 000＝55%

本年度应分配的现金股利＝900×55%＝495(万元)

(5) 本年度可分配的现金股利＝900－700＝200(万元)

# 第十二章
# 财务预算

## 一、单项选择题

1. D　　　2. D　　　3. A　　　4. C　　　5. B

6. D　　　7. D　　　8. B　　　9. A　　　10. A

## 二、多项选择题

1. ABC　　2. ADE　　3. CDE　　4. ABCDE　　5. ABC

6. ABCE　7. BC　　8. ABDE　　9. AB　　　10. ABE

## 三、判断改错题

1. ✕,改正：日常业务预算又叫经营预算,它是企业全面预算的基础。

2. ✓

3. ✓

4. ✕,改正：零基预算是为了克服增量预算的不足而设计的,与增量预算相比较,零基预算的编制具有以下特点：以零为起点编制预算；进行成本效益分析；通过对业务项目的评价来确定预算金额。

5. ✓

6. ✕,改正：预计资产负债表现金(货币资金)项目的期末数等于现金预算中的期末现金余额。

7. ✓

8. ✓

9. ✕,改正：为了及时、合理地开展预算的编制工作,大中型企业一般要成立专门的预算委员会。

10. ✓

## 四、填空题

1. 日常业务(或经营预算)　专门决策(或特种决策)　财务(或总、综合)

2. 现金收支预算　预计损益表　预计资产负债表

3. 固定　弹性

4. 增量预算　零基预算

5. 定期预算　滚动预算

## 五、名词解释题

1. 全面预算是根据企业目标所编制的经营、资本、财务等年度收支总体计划。

2. 日常业务预算是为供应、生产、销售及管理活动所编制的预算,包括销售预算、生产预算、直接材料采购预算、直接人工预算、制造费用预算、单位产品成本和期末存货预算、销售和管理费用预算等。

3. 专门决策预算亦称特种决策预算,是针对企业在销售期内不经常发生的、一次性经济活动所编制的预算,包括根据长期投资决策所编制的资本支出预算和一次性专门业务预算等。

4. 财务预算是反映企业在预算期内有关现金收支、经营成果和财务状况的预算,包括现金收支预算、预计利润表、预计资产负债表等。

5. 固定预算又叫静态预算,它是在预算期预计业务量水平的基础上,确定各项目预算的预计数量和金额,不管实际生产经营活动如何脱离计划,均不进行相应的指标调整。

6. 弹性预算又叫变动预算,它是在将成本按其习性分类的基础上,以业务量、成本和利润之间的依存关系为依据,按照预算期内可能发生的各种业务量水平编制的预算。

7. 增量预算是在基期预算及其执行情况的基础上,结合预算期各方面情况的变动,确定出各预算项目应增加或减少的数额来编制的。

8. 零基预算是以零为基数编制的预算。它的基本原理是不考虑企业以往期间发生的费用项目和费用数额,一切以零为起点来研究和分析每个费用项目是否有支出的必要和支出数额的大小。

9. 滚动预算又叫连续预算或永续预算,其基本原理是预算编制过程连续不断,随着预算的执行不断延伸补充预算,逐期向后滚动,使预算期永远保持为一个固定期间(通常为 1 年)。

10. 定期预算是指以不变的会计期间(如日历年度)作为预算期的一种预算编制方法。

## 六、简答题

1. 全面预算包括日常业务预算、专门决策预算和财务预算三个方面。其相互关系如下:

(1) 日常业务预算又叫经营预算,它是企业全面预算的基础;

(2) 专门决策预算亦称特种决策预算,包括资本支出预算和一次性专门业务预算等;

(3) 财务预算包括现金收支预算、预计利润表、预计资产负债表等;

(4) 财务预算作为全面预算体系中的最后环节,可以从价值方面总括地反映经营期决策预算与业务预算的结果,亦称为综合预算或总预算,其余预算则相应称为辅助预算或分预算。

2. ERP 系统与财务预算既相互联系又存在很大差异。

(1) 两者的联系具体表现在:

① 两者都是为了优化企业的资源配置,以提高企业的经济效益;

② 财务预算是 ERP 系统的一个重要组成部分,ERP 系统强大的信息集成功能和数据处理技术又为财务预算的编制提供了高效的工具;

③ 财务预算指标是 ERP 系统实施控制的依据,并据以对企业的生产经营状况进行考核、评价,而 ERP 系统通过实施会计处理和过程控制,是财务预算圆满实现的重要手段。

(2) 两者的区别主要表现在:

① 财务预算仅仅是企业财务管理的一个工作环节,是在企业进行决策后的工作筹划,其内容局限于企业自身的工作安排,而 ERP 系统不仅是企业资源企划的一个完整的系统,并且将管理的视野拓展到与企业相关联的所有单位,将整个供应链纳入企业的运筹范围,以实现企业营

销的群体效应；

② 预算管理长期以来一直是企业管理的一个重要手段,既可以通过传统的手工编制方法来实现,又可以采用先进的信息技术来提高效率和强化功能,而 ERP 系统的庞大功能必须依靠现代信息技术才能发挥出来。

3. 固定预算又叫静态预算,它是在预算期预计业务量水平的基础上,确定各项目预算的预计数量和金额,不管实际生产经营活动如何脱离计划,均不进行相应的指标调整。

固定预算的缺点是:(1)当企业实际完成的业务量与编制预算所依据的业务量出现差异时,各费用项目的实际数额与预算数额就失去了相互比较的基础,使得固定预算在控制费用支出和考核经营成果方面的作用大为削弱。(2)对于未来业务量不稳定,其水平经常发生波动的企业来说,如果采用固定预算方法,可能会对企业的业绩考核和评价产生扭曲甚至误导作用。

固定预算只适用于业务量受外界影响较小的企业。

4. 零基预算的编制具有三个特点:以零为起点编制预算;进行成本效益分析;通过对业务项目的评价来确定预算金额。

零基预算的编制程序:提出费用开支方案;进行成本效益分析;分配资金、落实预算。

零基预算的优点:未来的费用预算不受现有费用项目和开支水平的影响和制约;可以督促企业内部各部门节约资金,提高成本效益率;有助于企业未来发展。

5. 滚动预算又叫连续预算或永续预算,其基本原理是预算编制过程连续不断,随着预算的执行不断延伸补充预算,逐期向后滚动,使预算期永远保持为一个固定期间(通常为 1 年)。

滚动预算具有的优点:滚动预算具有绩性、及时性和科学性等优点;

采用滚动预算方法的主要缺点:预算工作量较大。

**七、计算题**

1. 参考答案见表 12-16。

表 12-16　利源公司成本业绩报告　　　　　单位:万元

| 成本项目 | 实际成本 | 预算成本 | | 差异 | |
|---|---|---|---|---|---|
| | | 未按产量调整 | 按产量调整 | 未按产量调整 | 按产量调整 |
| 直接材料 | 1 650 | 1 000 | 1 500 | +650 | +150 |
| 直接人工 | 440 | 300 | 450 | +140 | −10 |
| 制造费用 | 535 | 500 | 750 | +35 | −215 |
| 合计 | 2 625 | 1 800 | 2 700 | +825 | −75 |

2. 参考答案见表 12-17。

表 12 - 17 制造费用弹性预算表 单位:元

| 费用明细项目 | | 业务量(人工工时)(小时) | | | |
| --- | --- | --- | --- | --- | --- |
| | | 4 000 | 4 500 | 5 000 | 5 500 |
| 变动费用 | 变动制造费用率(元/小时) | | | | |
| 间接材料 | 0.5 | 2 000 | 2 250 | 2 500 | 2 750 |
| 间接人工 | 0.7 | 2 800 | 3 150 | 3 500 | 3 850 |
| 电费 | 0.3 | 1 200 | 1 350 | 1 500 | 1 650 |
| 水费 | 0.2 | 800 | 900 | 1 000 | 1 100 |
| 维护费 | 0.09 | 360 | 405 | 450 | 495 |
| 其他 | 0.2 | 800 | 900 | 1 000 | 1 100 |
| 小计 | 1.99 | 7 960 | 8 950 | 9 950 | 10 945 |

| 费用明细项目 | | 业务量(人工工时)(小时) | | | |
| --- | --- | --- | --- | --- | --- |
| | | 4 000 | 4 500 | 5 000 | 5 500 |
| 固定费用 | 费用标准(元) | | | | |
| 维护费 | 2 000 | 2 000 | 2 000 | 2 000 | 2 000 |
| 折旧费 | 2 000 | 2 000 | 2 000 | 2 000 | 2 000 |
| 管理费 | 3 000 | 3 000 | 3 000 | 3 000 | 3 000 |
| 保险费 | 1 600 | 1 600 | 1 600 | 1 600 | 1 600 |
| 其他 | 1 000 | 1 000 | 1 000 | 1 000 | 1 000 |
| 小计 | 9 600 | 9 600 | 9 600 | 9 600 | 9 600 |
| 制造费用合计 | | 17 560 | 18 550 | 19 550 | 20 545 |
| 直接人工小时成本率(元/小时) | | 4.39 | 4.12 | 3.91 | 3.74 |

3. 参考答案

根据排列层次顺序分配资金,确定利源公司预算期间的销售费用及管理费用预算。

| ① 房屋租金 | 300 万元 |
| --- | --- |
| ② 办公费 | 600 万元 |
| ③ 差旅费 | 400 万元 |
| ④ 交货运输费 | 200 万元 |
| ⑤ 销售及管理人员工资 | 200 万元 |
| ⑥ 保险费 | 200 万元 |
| 小计 | 1 900 万元 |

以上 6 项必须全额得到保证的费用额共计为 1 900 万元,剩余 1 000 万元资金应按成本收

益率的比例,在培训和广告费之间进行分配。故:

　　培训费可分配资金＝1 000×[20÷(20＋30)]＝400(万元)

　　广告费可分配资金＝1 000×[30÷(20＋30)]＝600(万元)

### 表 12-18　利源公司下年销售费用及管理费用预算表

| 费用明细项目顺序 | 费用项目明细 | 金额(万元) |
|:---:|:---:|:---:|
| ① | 房屋租金 | 300 |
| ② | 办公费 | 600 |
| ③ | 差旅费 | 400 |
| ④ | 交货运输费 | 200 |
| ⑤ | 销售及管理人员工资 | 200 |
| ⑥ | 保险费 | 200 |
| ⑦ | 培训费 | 400 |
| ⑧ | 广告费 | 600 |
| 销售费用及管理费用的合计 | | 2 900 |

4. 参考答案见表 12-19。

### 表 12-19　利民公司下年销售预算表　　　　　单位:元

| 摘要 | | 第一季度 | 第二季度 | 第三季度 | 第四季度 | 全年 |
|:---:|:---:|:---:|:---:|:---:|:---:|:---:|
| 预计销售量(件) | | 1 000 | 1 200 | 1 400 | 1 600 | 5 200 |
| 预计销售单价 | | 100 | 100 | 100 | 100 | 100 |
| 预计销售收入 | | 100 000 | 120 000 | 140 000 | 160 000 | 520 000 |
| 预计现金收入计算表 | 年初应收账款余额 | 48 000 | | | | 48 000 |
| | 第一季度销售收入 | 70 000 | 30 000 | | | 100 000 |
| | 第二季度销售收入 | | 84 000 | 36 000 | | 120 000 |
| | 第三季度销售收入 | | | 98 000 | 42 000 | 140 000 |
| | 第四季度销售收入 | | | | 112 000 | 112 000 |
| | 现金收入合计 | 118 000 | 114 000 | 134 000 | 154 000 | 520 000 |

5. 参考答案见表 12-20

表 12－20　利华公司下年直接人工预算表

| 摘　要 | 第一季度 | 第二季度 | 第三季度 | 第四季度 | 全年 |
|---|---|---|---|---|---|
| 预计生产量(件) | 2 000 | 2 100 | 2 200 | 2 300 | 8 600 |
| 单位产品工时定额(工时/件) | 10 | 10 | 10 | 10 | 10 |
| 需用直接人工(小时) | 20 000 | 21 000 | 22 000 | 23 000 | 86 000 |
| 小时工资率(元/小时) | 10 | 10 | 10 | 10 | 10 |
| 预计直接人工成本总额(元) | 200 000 | 210 000 | 220 000 | 230 000 | 860 000 |

**八、综合分析题**

参考答案见表 12－21。

表 12－21　利昌公司下年现金预算　　　　　　　　　　　单位:元

| 摘要 | 资料来源 | 第一季度 | 第二季度 | 第三季度 | 第四季度 | 全年 |
|---|---|---|---|---|---|---|
| 期初现金余额 | | 20 000 | 19 150 | 15 900 | 17 350 | 20 000 |
| 加:现金收入 | | | | | | |
| 　销货现金收入 | 12－9 | 436 000 | 594 000 | 614 000 | 754 000 | 2 398 000 |
| 可动用现金合计 | | 456 000 | 613 150 | 629 900 | 771 350 | 2 418 000 |
| 减:现金支出 | | | | | | |
| 　直接材料 | 表 12－10 | 130 000 | 200 000 | 200 000 | 200 000 | 730 000 |
| 　直接人工 | 表 12－11 | 300 000 | 315 000 | 330 000 | 345 000 | 1 290 000 |
| 　制造费用 | 表 12－12 | 6 000 | 6 300 | 6 500 | 7 000 | 25 800 |
| 　销售及管理费用 | 表 12－13 | 8 850 | 8 950 | 9 050 | 9 150 | 36 000 |
| 　资本支出 | 表 12－14 | 30 000 | | 70 000 | 80 000 | 180 000 |
| 　支付所得税 | | 20 000 | 20 000 | 20 000 | 20 000 | 80 000 |
| 　支付股利 | | 12 000 | 12 000 | 12 000 | 12 000 | 48 000 |
| 　现金支出合计 | | 506 850 | 562 250 | 647 550 | 673 150 | 2 389 800 |
| 现金多余(或不足) | | (50 850) | 50 900 | (17 650) | 98 200 | 28 200 |
| 银行借款(年利 6%) | | 70 000 | | | | 70 000 |
| 　归还借款 | | | | | 70 000 | 70 000 |
| 　支付借款利息 | | | | | 3 150 | 3 150 |
| 　交易性金融资产投资 | | | 35 000 | | 10 000 | 10 000 |
| 　出售交易性金融资产 | | | | 35 000 | | |
| 期末现金余额 | | 19 150 | 15 900 | 17 350 | 15 050 | 15 050 |

利息＝70 000×(6%÷12)×9＝3 150(元)

# 第十三章
## 财务控制

**一、单项选择题**

1. B      2. B      3. A      4. C      5. D

6. A      7. B      8. A      9. B      10. C

**二、多项选择题**

1. ACDE    2. ABCE    3. BCE    4. DE    5. ABCDE

6. ABCD    7. ABCDE    8. ABC    9. AD    10. ABCD

**三、判断改错题**

1. ×,改正:一般而言,变动成本和直接成本大部分都是可控成本,而固定成本和间接成本大部分都是不可控成本。

2. √

3. √

4. ×,改正:一个成本中心的不可控成本,有可能是另一个成本中心的可控成本。

5. ×,改正:对于无外部市场的中间产品来说,以成本为基础的转移价格不失为一种行之有效的和必要的内部转移价格。

6. ×,改正:财务控制首先绝不仅是财务部门的事情,也不仅是企业经营者的职责,而是出资人对企业财务进行的综合的、全面的管理。

7. √

8. √

9. ×,改正:$Z$记分模型是一种多变量财务失败预警模型。

10. ×,改正:企业产生财务失败的原因是多方面的,企业经营者决策失误有可能是其中的一个原因。

**四、填空题**

1. 企业价值最大化

2. 费用中心

3. 投资报酬率

4. 市场价格扣减法

5. 成本

**五、名词解释题**

1. 当企业的一个责任中心被授权生产某种产品或提供劳务,同时该部门实现该目标的效率将被予以考核并据此进行奖惩时,该责任中心即为成本中心。

2. 双重定价法是指对同一种中间产品或服务采用两种不同的计价方法,对供应方采取以市场价格为基础的定价方法,而对购买方则采取以成本为基础的定价方法。

3. 协商定价法是指由公司内的供应方和购买方相互协商,确定转移价格的方法。

4. 国际转移价格是指跨国公司内部母公司与责任中心之间、责任中心与责任中心之间进行商品和劳务交换时所执行的内部贸易价格。

5. "Z记分模型"是美国的奥特曼(E. I. Altman)构建的预测财务危机的多变量模型。首先选定一定数量特定时期发生财务危机的公司和未发生财务危机的健康公司为样本;其次是对每类公司收集一套财务比率数据;接着再从这些比率中选出预测破产最有用的财务比率作为自变量,运用多元判别分析技术建立判别函数。

**六、简答题**

1. 责任中心主要包括四种类型:成本中心、收入中心、利润中心和投资中心。

成本中心指只发生成本费用而不取得收入的责任单位。收入中心主要用来组织营销活动,负责销售和分配。利润中心指既要发生成本,又能取得收入,还要计算利润的责任中心。投资中心指既要发生成本又能取得收入,获得利润,还有权进行投资的责任单位。

2. 转移价格的制定方法主要有以下几种:以市场价格为基础的转移定价,以成本为基础的转移定价,双重定价,协商定价。

3. 国际转移定价的目标主要有:降低总体税负,强化管理控制,调节利润水平,规避风险与管制。

4. 国际转移价格的表现形式有以下几种:实物价格,特许权使用费,劳务费用,租赁费,贷款利息。

5. 财务预警系统的构建模式主要有两种:

一是总体模式。总体预警系统可以掌握企业的整体运作是否出现潜在的危机,指出企业目前经营运作中可能存在的盲点,让企业经营者能够预先了解企业危机。

二是分部门模式。分部门模式是按照企业的主要经营活动分别设置预警系统,查出企业财务失衡的地方,进行必要的改进。

**七、计算题**

1. 甲中心在接受该项目前的剩余收益=150-1 000×12%=30(万元)

甲中心在接受该项目后的剩余收益=(150+130)-(1 000+1 000)×12%=40(万元)

剩余收益增加,甲中心可接受此项目

乙中心在接受该项目前的剩余收益=90-1 000×12%=-30(万元)

乙中心在接受该项目后的剩余收益=(90+150)-(1 500+1 000)×12%=-60(万元)

剩余收益减少,乙中心不应接受此项目

2. (1) 15 元——超过市场价格,不适合,因为向外界大量购买每只仅需 14 元。

(2) 14 元——与市价相比,比较适合,因为买卖双方均无偏袒,而且能调动卖方的生产积极性,促使其努力改善经营管理,降低甲零件的成本。

(3) 11 元——略高于单位成本,不合适,因为不能调动卖方厂家的生产积极性。

(4) 10 元——与单位成本相同,不合适,因为不能调动卖方厂家的生产积极性。

（5）9 元——与单位变动成本相同,在决定采用双重内部转让价格时,可作为买方的计价基础,卖方则采用市价 14 元作为计价基础。

3. 计算有关结果如表 13－5 所示。

**表 13－5　A、B 投资中心投资报酬率和剩余收益**　　单位:万元

| 项　　目 | | 投资额 | 利润 | 投资报酬率 | 剩余收益 |
|---|---|---|---|---|---|
| 追加投资前 | A | 20 | 1 | 5% | 1－20×10%＝－1 |
| | B | 30 | 4.5 | 15% | 4.5－30×10%＝＋1.5 |
| | | 50 | 5.5 | 11% | 5.5－50×10%＝＋0.5 |
| 投资中心 A 追加投资 10 万元 | A | 30 | 1.8 | 6% | 1.8－30×10%＝－1.2 |
| | B | 30 | 4.5 | 15% | 4.5－30×10%＝＋1.5 |
| | | 60 | 6.3 | 10.5% | 6.3－60×10%＝＋0.3 |
| 投资中心 B 追加投资 20 万元 | A | 20 | 1 | 5% | 1－20×10%＝－1 |
| | B | 50 | 7.4 | 14.8% | 7.4－50×10%＝＋2.4 |
| | | 70 | 8.4 | 12% | 8.4－70×10%＝＋1.4 |

A 追加投资后剩余收益和公司总剩余收益比投资前都减少,B 追加投资后剩余收益和公司总剩余收益比投资前都增加,所以 B 应追加投资。

4. （1）计算追加投资前 A 投资中心的剩余收益

A 投资中心的剩余收益＝200×15%－200×12%＝6(万元)

（2）计算追加投资前 B 投资中心的营业资产额

B 投资中心的营业资产额＝20÷(17%－12%)＝400(万元)

（3）计算追加投资前该公司的投资报酬率

投资报酬率＝(200×15%＋400×17%)÷(200＋400)＝16.33%

（4）若 A 投资中心接受追加投资,其剩余收益

剩余收益＝(200×15%＋20)－(200＋100)×12%＝14(万元)

（5）若 B 投资中心接受追加投资,其投资报酬率

投资报酬率＝(400×17%＋15)÷(400＋500)＝16.60%

5. （1）**表 13－6　甲中心追加投资后各中心的投资报酬率和剩余收益额等**　单位:元

| 投资中心 | 甲中心 | 乙中心 | 总公司 |
|---|---|---|---|
| 边际贡献额 | 180 000 | 450 000 | 630 000 |
| 资产平均占用额 | 3 000 000 | 3 000 000 | 6 000 000 |
| 总公司规定的投资报酬率 | — | — | 10% |
| 投资报酬率 | 6% | 15% | 10.5% |
| 剩余收益额 | －120 000 | 150 000 | 30 000 |

（2）　　表 13－7　乙中心追加投资后各中心的投资报酬率和剩余收益额等　单位：元

| 投资中心 | 甲中心 | 乙中心 | 总公司 |
|---|---|---|---|
| 边际贡献额 | 100 000 | 740 000 | 840 000 |
| 资产平均占用额 | 2 000 000 | 5 000 000 | 7 000 000 |
| 总公司规定的投资报酬率 | — | — | 10％ |
| 投资报酬率 | 5％ | 14.8％ | 12％ |
| 剩余收益额 | －100 000 | 240 000 | 140 000 |

（3）向甲中心追加投资时，由于甲中心的投资报酬率提高了，因此，甲中心认为追加投资方案可行；由于总公司的投资报酬率降低了，因此，总公司认为追加投资方案不可行。

向乙中心追加投资时，由于乙中心的投资报酬率降低了，因此，乙中心认为追加投资方案不可行；由于总公司的投资报酬率提高了，因此，总公司认为追加投资方案可行。

根据上述结论可知，用投资报酬率作为业绩评价标准存在不足，投资中心可能为了提高投资报酬率而伤害企业整体的利益。

（4）向甲中心追加投资时，由于甲中心的剩余收益额降低了，因此，甲中心认为追加投资方案不可行；由于总公司的剩余收益额降低了，因此，总公司认为追加投资方案不可行。

向乙中心追加投资时，由于乙中心的剩余收益额提高了，因此，乙中心认为追加投资方案可行；由于总公司的剩余收益额提高了，因此，总公司认为追加投资方案可行。

根据上述结论可知，用剩余收益额作为业绩评价标准可以克服用投资报酬率作为业绩评价标准带来的次优化问题，可以使业绩评价与企业的目标协调一致，引导投资中心采纳高于企业资本成本的决策。

## 八、综合分析题

1.（1）应采用市场价格。因为在题目所述的情况下，采用市场价格作为内部转移价格，不论甲投资中心将甲产品对外销售或对内转移，也不论乙投资中心是从外部购买甲产品还是从甲投资中心购买甲产品，对甲、乙投资中心及公司总体的营业收益都无影响。

（2）应采用协商价格。因为如果还是采用市场价格，从外部市场与从甲投资中心购买甲产品的价格一样，就无法保证乙投资中心会向甲投资中心购买它所需要的 40 000 件甲产品，从而造成甲投资中心的部分生产能力闲置。尽管这对乙投资中心并无影响，但会损害甲投资中心及整个企业的利益。因此，宜由甲投资中心作出一点让步，使内部转移价格稍微低于市场价格，以保证乙投资中心向其购买。

（3）应采用双重价格。乙投资中心从外部市场购买甲产品不需要支付运杂费，而甲投资中心对外销售必须支付销售费用，这两个条件表明定价应确保对乙投资中心较有吸引力，否则甲投资中心必须对外销售 40 000 件产品，并发生相应的销售费用。这虽然对乙投资中心并无影响，但会损害整个企业的利益。因此，宜由甲投资中心作出让步，使内部转移价格稍低于市场价格，同时乙投资中心可以成本为基础定价，以最终确保实现内部销售。双重定价对于甲乙双方以及企业整体而言都是有利的。

2. 科龙电器的 $Z$ 值计算结果如表 13 - 8 所示。

**表 13 - 8　科龙电器 $Z$ 值计算表**

| 财务比率 | 2002 年 | 2003 年 | 2004 年 | 2005 年 |
|---|---|---|---|---|
| $X_1$ | 0.10 | 0.03 | −0.06 | −0.61 |
| $X_2$ | −0.11 | 0.03 | 0.00 | −0.69 |
| $X_3$ | 0.02 | 0.03 | −0.01 | −0.67 |
| $X_4$ | 1.38 | 1.04 | 0.54 | 0.34 |
| $X_5$ | 0.64 | 0.65 | 0.71 | 1.30 |
| $Z=1.2\times X_1+1.4\times X_2+3.3\times X_3+0.6\times X_4+1.0\times X_5$ | 1.51 | 1.47 | 0.94 | −2.41 |

由此可见,其实早在 2002 年科龙的 $Z$ 值就在 1.81 以下,存在严重财务危机,破产几率很高。此后 $Z$ 值连续下降,一直到 2005 年科龙危机爆发。

# 第十四章
# 资产估价

**一、单项选择题**

1. D      2. C      3. A      4. A      5. B

6. D      7. D      8. C      9. A      10. B

**二、多项选择题**

1. BCDE      2. BCDE      3. BD      4. CDE      5. ABCD

6. ABCDE      7. BDE      8. BCDE      9. ABCE      10. ABCDE

**三、判断题**

1. ✕,改正:债券票面利息要根据债券面值和票面利率来计算。

2. ✓

3. ✓

4. ✓

5. ✕,改正:如果不考虑影响股价的其他因素,零成长股票的价值与市场利率成反比,与预期股利成正比。

6. ✓

7. ✕,改正:购并方式下企业评估价值应是企业净资产公允价值与商誉价值之和。

8. ✓

9. ✕,改正:企业价值评估的现金流量贴现法下的各年现金净流量是指属于企业的自由现金流量。

10. ✕,改正:续营价值是指在保持企业未来持续经营的条件下,以未来的收益能力为基础来评估公司资产的价值。

**四、填空题**

1. 40%

2. 内在价值

3. 面值

4. 永续股利

5. 市价

**五、名词解释题**

1. 股票的内在价值指投资者投资股票预期未来的股利收入与出售股票时的价格收入按照其要求的必要投资报酬率进行折现后的现值。

2. 股票的账面价值指普通股的账面价值,它是按账面计算的每一普通股份的资产,是普通股股东实际拥有的资产权益,即普通股每股权益。

3. 现金流量贴现法是企业价值评估的最为常见的方法。它是根据企业持续经营各年的预计现金流量,按照一定的折现率所折算的现值作为企业价值的一种评估方法。

4. 资产基准法是通过对企业资产、负债和商誉进行逐项评估的方式来评估企业价值的一种方法。

5. 业务分拆法指针对业务多元化的企业,先分别评估其每一个业务部门的价值,然后加总计算其价值总额的一种评估方法。

**六、简答题**

1. (1) 市场利率上升导致债券市场价格下降,市场利率下降导致债券市场价格上升。

(2) 长期债券的市场价格对市场利率的敏感性会大于短期债券。

2. 债券价值的不同形式包括债券的票面价值、内在价值、发行价格、市场价格和公允价值。

3. 股票价值的不同形式包括股票的票面价值、内在价值、账面价值、发行价格、市场价格和清算价值。

4. (1) 选择参照公司。选择原则是应在经营业务和财务特征两个方面与企业相似,即具有可比性。

(2) 选择和计算财务比率(乘数)。所选用的乘数有两大类:股权乘数、总资本乘数。

(3) 根据确定的乘数估计企业价值。

5. 四个因子,即预测期限,企业各年现金净流量,预测期末终值 $V_n$,折现率 $i$。

(1) 预测期限 $n$ 的确定。

在通常情况下,评估目标企业价值的预测期限可结合企业的行业性质、经营特点来确定。

(2) 各年的现金净流量 $F_t$ 的测算。

企业各年的现金净流量是属于所有收益索取权持有人所拥有的累计现金流量,属于企业的现金流量最一般的形式,即"属于企业的自由现金流量"。

(3) 预测期期末终值 $V_n$ 的测算。

企业的残值是指在持续经营的预期年限终止时,其整体所具有的价值。

(4) 折现率 $i$ 的确定。

折现率的确定通常应当以估价资产的市场利率为依据。如果是对公司股票(债券)价值进行估算,折现率可以选择股票(债券)的市场利率。当估价资产所采用的折现率无法从市场上获取,可以使用加权平均资本成本等替代利率估计折现率。

**七、计算题**

1. (1) 债券售价 $=100 \times (P/F, 10\%, 5) + 100 \times 8\% \times (P/A, 10\%, 5) = 92.43$(元)

(2) 债券资本成本 $= \dfrac{8 \times (1-30\%)}{92.43 \times (1-0.5\%)} \times 100\% = 6.09\%$

2. (1) 发行价 $= 1\,000 \times (P/F, 9\%, 5) + 1\,000 \times 10\% \times (P/A, 9\%, 5) = 1\,038.87$(元)

(2) 用 8% 和 9% 试误法求解:

$V(9\%) = 1\,000 \times (P/F, 9\%, 4) + 1\,000 \times 10\% \times (P/A, 9\%, 4) = 1\,032.37$(元)

$V(8\%)=1\,000\times(P/F,8\%,4)+1\,000\times10\%\times(P/A,8\%,4)=1\,066.21(元)$

插值法求解：$I=8\%+\dfrac{1\,066.21-1\,049.06}{1\,066.21-1\,032.37}\times1\%=8.5\%$

3. (1) A 公司股票的内在价值 $=\dfrac{4+36}{1+12\%}=35.71(元)$

(2) B 公司股票的内在价值 $=\dfrac{2.7}{12\%}=22.5(元)$

(3) C 公司股票的内在价值 $=\dfrac{3\times(1+4\%)}{12\%-4\%}=39(元)$

4. (1) A 公司债券的发行价格 $=100\times(P/F,10\%,2)+100\times8\%\times(P/A,10\%,2)$
$$=96.49(元)$$

(2) B 公司股票的内在价值 $=\dfrac{0.9\times(1+6\%)}{12\%-6\%}=15.9(元)$

(3) C 公司股票的内在价值 $=\dfrac{1.5}{12\%}=12.5(元)$

(4) 因为 B 公司股票内在价值高于其市价，C 公司股票内在价值低于其市价，所以东方公司可以投资 B 公司股票，不能投资 C 公司股票。

5. (1) 预期的必要报酬率 $=6\%+1.5\times4\%=12\%$

(2) $NPV=V_5\times(P/F,12\%,5)+10\,000\times(P/A,12\%,5)-200\,000$

令 $NPV\geqslant0$，则 $V_5\geqslant289\,154$，也即股票 5 年后市值等于或大于 289 154 元时，现在按 200 000 元购买才合算，才能保证预期报酬率等于或超过 12%。

**八、综合分析题**

1. (1) A 公司债券的价值 $=1\,000\times(P/F,6\%,5)+1\,000\times8\%\times(P/A,6\%,5)$
$$=1\,084.29(元)$$

令 $I=5\%$，则 $1\,000\times(P/F,5\%,5)+1\,000\times8\%\times(P/A,5\%,5)=1\,129.86(元)$

插值法求解：$I=5\%+\dfrac{1\,129.86-1\,105}{1\,129.86-1\,084.29}\times1\%=5.55\%$

由于 $1\,084.29<1\,105$，则不应购买。

(2) B 公司债券的价值 $=(1\,000+1\,000\times8\%\times5)(P/F,6\%,5)=1\,046.22(元)$

$1\,105=1\,400\times(P/F,I,5)$

$(P/F,I,5)=1\,105\div1\,400=0.789\,3$

$I=5\%,(P/F,I,5)=0.783\,5$

$I=4\%,(P/F,I,5)=0.821\,95$

插值法求解：$I=4\%+\dfrac{0.821\,9-0.789\,3}{0.821\,9-0.783\,5}\times1\%=4.85\%$

不应购买。

(3) C 公司债券的价值 $=1\,000(P/F,6\%,5)=747.3(元)$

$600=1\,000\times(P/F,I,5)$

$(P/F,I,5)=0.6$

$I=10\%,(P/F,I,5)=0.620\,9$

$I=12\%,(P/F,I,5)=0.567\,4$

插值法求解：$I=10\%+\dfrac{0.620\,9-0.6}{0.620\,9-0.567\,4}\times2\%=10.78\%$

应购买。

(4) 预期的必要报酬率$=3\%+1.2\times(5\%-3\%)=5.4\%$

股票内在价值$=\dfrac{0.6}{5.4\%-4\%}=42.86(元)$

可以购买。

# 第十五章
# 财务分析

**一、单项选择题**

1. B　　　2. B　　　3. C　　　4. A　　　5. D

6. C　　　7. C　　　8. A　　　9. C　　　10. D

**二、多项选择题**

1. ABCDE　2. ACE　　3. ABC　　4. ABC　　5. ACE

6. DE　　　7. BD　　　8. CD　　　9. BCE　　10. BCD

**三、判断改错题**

1. √

2. ✕,改正:企业的应收账款增长率超过销售收入增长率,属于不正常现象。

3. ✕,改正:市盈率越高,并不一定说明公司的盈利能力越强。

4. √

5. √

6. ✕,改正:资产负债率与产权比率的乘积小于1。

7. √

8. √

9. ✕,改正:在其他因素不变的情况下,权益乘数越大则资产负债率越高。

10. √

**四、填空题**

1. 总资产

2. 总资产周转率

3. 股东财富最大化

4. 商业信用债务资本,或非付息负债

5. 差额分析法

**五、名词解释题**

1. 每股收益是指本年净利润扣除优先股股利后的余额与发行在外的普通股加权平均数的比值。

2. 比率分析法是利用财务报表各指标之间存在的内在逻辑关系,通过计算比率来考察、计量和评价企业财务状况、财务活动效果的一种方法。

3. 杜邦分析法是利用各项财务比率之间的内在关系,综合地分析和评价企业财务状况和盈利能力的方法。

4. 利息保障倍数是指企业一定时期息税前利润与利息费用的比率,用以衡量企业获利能力对偿付借款利息的保障程度。

5. 趋势分析法是通过对比不同时期财务报表中相同指标,确定其增减变动的方向、数额和幅度,来说明企业财务状况和经营成果变动趋势的一种方法。

## 六、简答题

1. 反映企业短期偿债能力的指标主要有流动比率、速动比率、现金比率、现金流动负债比率、到期债务本息偿付比率等。

2. 财务分析是以财务报表为主要依据,采用科学的分析技术和方法,通过对企业过去和现在有关筹资活动、投资活动、经营活动的偿债能力、盈利能力和营运能力、成长能力等进行分析与评价,从而使经营者以及企业的利益相关者能够了解企业过去、评价企业现在、预测企业未来,作出正确决策,并提高决策水平。

3. 尽管不同的财务分析主体进行财务分析有着各自的侧重点,但是财务分析的内容从总体上来看可分为四个方面:偿债能力分析、营运能力分析、盈利能力分析和增长能力分析。偿债能力是企业理财目标实现的保证,营运能力是企业理财目标实现的物质基础,盈利能力是两者共同作用的结果,增长能力是前三者的综合表现,四者共同构成财务分析的基本内容。

4. 财务综合分析就是将反映企业的偿债能力、营运能力、盈利能力等诸方面的财务指标纳入一个有机的整体中,系统、全面、综合地对企业财务状况、经营成果和财务状况的变动进行剖析、解释和评价,从而对企业经营绩效的优劣作出准确的评判。

5. 反映企业盈利能力的指标主要有总资产报酬率、净资产收益率、成本费用净利率、营业利润率、盈余现金保障倍数、资本收益率、每股收益、市盈率等。

## 七、计算题

1. (1) 应收账款周转天数={360×[(20+40)÷2]}/400=27(天)

(2) 存货周转天数={360×[(20+60)÷2]}/320=45(天)

(3) 年末速动比率=年末速动资产/年末流动负债=年末速动资产/80=2

年末速动资产=160(万元)

(4) 年末流动比率=(160+60)/80=2.75

2. 流动比率-速动比率=存货平均余额/流动负债

即:2-1.5=存货平均余额/40

则:存货平均余额=20(万元)

存货周转率=营业成本/存货平均余额=60/20=3

3. (1) 平均应收账款=(40×1 500 000)/360=166 667(元)

(2) 流动负债=(150 000+166 667)/2=158 334(元)

(3) 流动资产=158 334×3=475 002(元)

(4) 总资产=475 002+425 250=900 252(元)

(5) 资产净利率=75 000/900 252=8.33%

4. 销售净利率=[800×(1-25%)]/10 000=6%

资产周转率=10 000/2 560=3.91

年末资产负债率＝1 280/2 560＝50%

权益乘数＝1/(1－50%)＝2

净资产收益率＝6%×3.91×2＝46.92%

5. 每股收益＝(250 000－25 000)/1 000 000＝0.225

普通股权益报酬率＝(250 000－25 000)/1 800 000×100%＝12.5%

每股股利＝180 000/1 000 000＝0.18

股利发放率＝每股股利/每股收益＝0.18/0.225×100%＝80%

市盈率＝4.5/0.225＝20

6. 表中 A、B、C、D 四项应填数据为：

A＝66 307

B＝66 307＋34 419＋2 437－17 085＋4 700－2 047＋136＋91－116－4－15 369－1 001
＝72 198

C＝66 307－108 115－101 690＝－143 498

D＝27 558－(－143 498)＝171 056

7. (1) 销售净利润率＝净利润/营业收入＝3 600/28 000＝12.86%

(2) 每股净资产＝普通股股东权益/普通股股数＝22 000/18 000＝1.22(元)

(3) 每股收益＝净利润/普通股股数＝3 600/18 000＝0.2(元)

(4) 市盈率＝每股市价/每股收益＝4.8/0.2＝24

8. (1) 存货周转次数＝31 500/存货＝4.5

则：期初存货＝期末存货＝31 500/4.5＝70 000(千元)

(2) 应收账款净额＝432 000－294 000－70 000－25 000＝43 000(千元)

(3) 流动比率＝流动资产/流动负债＝(432 000－294 000)/流动负债＝1.5

则：流动负债＝138 000/1.5＝92 000(千元)

则：应付账款＝92 000－25 000＝67 000(千元)

(4) 资产负债率＝50%

则：负债总额＝432 000×50%＝216 000(千元)

则：长期负债＝216 000－92 000＝124 000(千元)

(5) 资产负债率＝50%

则：净资产＝负债总额＝216 000(千元)

未分配利润＝216 000－300 000＝－84 000(千元)

9. 销售净利率＝120÷3 600＝3.33%

权益乘数＝1＋80%＝1.8

资产总额＝120÷14%×1.8＝1 542.86(万元)

资产周转率＝3 600÷1 542.86＝2.33

10. (1) 应收账款周转率＝(125 000×80%)÷[(12 000＋8 000)÷2]＝1

(2) 净利润＝125 000×16%＝20 000(元)

销售成本＝125 000×(1－52%)＝60 000(元)

存货平均余额＝60 000÷5＝12 000(元)

期末存货＝12 000×2－10 000＝14 000(元)

流动负债＝14 000÷(2.16－1.6)＝25 000(元)

流动资产＝25 000×2.16＝54 000(元)

资产总额＝54 000÷27％＝200 000(元)

资产净利率＝20 000÷200 000＝10％

(3) 每股收益＝20 000÷5 000＝4(元)

(4) 市盈率＝10÷4＝2.5

八、综合分析题

1.

表 15－7　资产负债表变动情况分析表　　　　　单位:万元

| 年份 | 2017-12-31 | 2016-12-31 | 变动额 | 变动率(%) |
|---|---|---|---|---|
| 货币资金 | 424 000 | 378 000 | 46 000 | 12.17 |
| 交易性金融资产 | 14 000 | 0 | 14 000 | 0 |
| 应收票据 | 230 000 | 141 000 | 89 000 | 63.12 |
| 应收账款净额 | 83 000 | 96 000 | －13 000 | －13.54 |
| 存货 | 382 000 | 388 000 | －6 000 | －1.55 |
| 流动资产合计 | 1 133 000 | 1 033 000 | 100 000 | 9.68 |
| 长期投资 | 269 600 | 350 000 | －80 400 | －22.97 |
| 固定资产 | 900 600 | 467 000 | 433 600 | 92.85 |
| 无形资产 | 20 000 | 15 000 | 5 000 | 33.33 |
| 非流动资产合计 | 1 190 200 | 832 000 | 358 200 | 43.05 |
| 资产总计 | 2 323 200 | 1 865 000 | 458 200 | 24.57 |
| 短期借款 | 270 000 | 204 000 | 66 000 | 32.35 |
| 应收账款 | 800 000 | 600 000 | 200 000 | 33.33 |
| 应付薪资 | 10 000 | 9 000 | 1 000 | 11.11 |
| 应交税金 | 20 000 | 10 000 | 10 000 | 100.00 |
| 其他应付款 | 100 000 | 97 000 | 3 000 | 3.09 |
| 流动负债合计 | 1 200 000 | 920 000 | 280 000 | 30.43 |
| 长期借款 | 393 200 | 272 000 | 121 200 | 44.56 |
| 负债合计 | 1 593 200 | 1 192 000 | 401 200 | 33.66 |
| 股本 | 162 000 | 162 000 | 0 | 0.00 |
| 资本公积 | 206 900 | 169 000 | 37 900 | 22.43 |
| 盈余公积 | 172 100 | 190 000 | －17 900 | －9.42 |
| 未分配利润 | 189 000 | 152 000 | 37 000 | 24.34 |
| 股东权益合计 | 730 000 | 673 000 | 57 000 | 8.47 |
| 负债及股东权益总计 | 2 323 200 | 1 865 000 | 458 200 | 24.57 |

**分析评价**

(1) 该企业本期总资产增加了 458 200 万元,增长幅度为 24.57%。从具体项目看:

① 主要是固定资产增加引起的,固定资产原值增加了 358 200 万元,增长幅度为 43.05%,表明企业的生产能力有所增强。

② 流动资产增加 10 000 万元,增长幅度为 9.68%,说明企业资产的流动性有所提高。特别是货币资金、应收票据的大幅度提高,对增强企业的偿债能力,满足资金流动性需要都是有利的。应收账款的减少应结合企业的收账政策分析。

③ 对外长期投资减少了 80 400 万元,减少幅度为 -22.97%,应引起重视。

(2) 从权益方面分析:

① 资本公积和未分配利润共增加了 74 900,增长幅度分别为 22.43% 和 24.34%,说明企业本期经营有成效。

② 负债总额增加了 401 200 万元,增长幅度为 33.66%,是由流动负债和长期负债共同作用形成的。

2. (1) 公司 2017 年度应当分配的现金股利总额=0.2×(1+5%)×10 000=2 100(万元)

(2) 甲董事提出的股利分配方案的个人所得税税额为 0。

乙董事提出的股利分配方案的个人所得税税额为:10 000×60%/10×5×50%×20%=300(万元)

丙董事提出的股利分配方案的个人所得税税额为:2 100×60%×50%×20%=126(万元)

(说明:2005 年 6 月,经国务院批准,对个人投资者从上市公司取得的股息红利所得,暂减按50%计入个人应纳税所得额,依照现行税法规定计征个人所得税。)

(3) 甲董事提出的股利分配方案

站在企业的角度,在公司面临较好的投资机会时可以迅速获得所需资金,但是站在投资者的角度,甲董事提出的股利分配方案不利于投资者安排收入与支出,同时也不利于公司树立良好的形象。

乙董事提出的股利分配方案

站在企业的角度,不需要向股东支付现金,在再投资机会较多的情况下:可以为公司再投资保留所需资金;可以降低公司股票的市场价格,既有利于促进股票的交易和流通,又有利于吸引更多的投资者成为公司股东,进而使股权更为分散,有效地防止公司被恶意控制;可以传递公司未来发展前景良好的信息,从而增强投资者的信心,在一定程度上稳定股票价格。站在投资者的角度,既可以获得股利,又可以获得股票价值相对上升的好处;并且由于股利收入和资本利得税率的差异,如果投资者把股票股利(公司转送股)出售,还会带来资本利得和纳税上的好处。

丙董事提出的股利分配方案

站在企业的角度,该方案向市场传递着公司正常发展的信息,有利于树立公司的良好形象,增强投资者对公司的信心,稳定股票的价格。稳定的股利额有利于吸引那些打算进行长期投资并对股利有很高依赖性的股东。但在公司面临新的投资机会时,不能为公司提供所需资金。

站在投资者的角度,稳定的股利额有助于投资者安排股利收入和支出。

第三部分

参考资料

---

# 教学大纲

《财务管理》教学大纲

**课程编号**

**英 文 名**　Financial Management

**学　　分**　3学分

**课　　时**　51课时

**主讲教师**

**使用教材**　王玉春主编《财务管理》,普通高等教育"十二五"国家级规划教材,江苏省高校"十三五"重点教材

**适用学科**　管理、经济等

**课程概述**

本课程内容涉及企业资金运动的各个环节(筹资、投资、分配等),具体包括:财务管理基本理论,概念、目标、原则、环节及理财环境;财务管理基本观念,时间价值观念、风险价值观念等;财务管理基本内容,重点介绍筹资管理、投资管理、营运资金管理、收益分配管理、财务分析等。因此,本课程主要研究工商企业如何根据财经法规、经济规律,组织调节财务活动,处理财务关系。

**教学目的**

随着我国资本市场的诞生、规范和发展,我国企业传统的财务管理理念和方法也随之变化,企业的筹资、投资、分配管理面临新的环境、机遇和挑战。因此,通过本课程的教学,使学生能够将理论与实践相结合,掌握有关筹资、投资、资金分配等理财方法和技巧,成为具有现代理财理念、适应社会经济发展所需的财务管理人才。

**教学方法**

教师根据本课程教学大纲使用教材,采用集体备课方式;制作多媒体教学课件;课堂理论教学与财务管理实践相结合;采用启发式教学。要求学生强化本课程习题练习与训练,积极参与课外财务管理实践活动。

## ✐ 各章教学要求及要点

### 第一章　财务管理总论

**课时分配**　4 课时

**教学要求**

通过本章的教学,使学生重点掌握财务管理的内容、目标等基本内容,一般了解财务管理的方法、原则、特点。本章内容是本课程内容体系的综合性概括,是全课程的脉络提示,也是指导学生学习的中心线索。

**教学内容**

#### 第一节　财务管理概述

一、财务管理学的发展

二、财务管理内容

#### 第二节　企业财务管理目标

一、复合财务管理目标

二、单一财务管理目标

三、实现财务管理目标的相互协调

#### 第三节　财务管理环境

一、金融环境的影响

二、财税环境的影响

#### 第四节　财务治理结构

一、财务治理结构含义及建立原则

二、财务治理结构层次

**思考题**

1. 什么是企业财务?什么是企业财务管理?

2. 什么是企业的财务关系?企业主要财务关系有哪些?

3. 企业财务活动主要内容有哪些?

4. 企业财务管理目标有哪些?你赞同哪一种?

5. 企业外部环境与企业财务有何关系?企业财务受哪些外部环境因素影响?

6. 分层财务治理中的财务决策权与财务控制权是如何划分的?

### 第二章　货币时间价值与风险价值

**课时分配**　4 课时

**教学要求**

本章主要介绍:货币时间价值的概念、货币时间价值的计算;风险价值的概念,风险价值的计算;利率的概念和构成。本章教学内容是本课程的难点之一。

**教学内容**

第一节　货币时间价值概述

一、货币时间价值的含义

二、货币时间价值的本质

三、货币时间价值的作用

第二节　货币时间价值计量

一、一次性收付款的终值和现值

二、年金的终值和现值

三、名义利率与实际利率转换

第三节　风险与风险价值计量

一、风险的概念与类型

二、风险价值

三、单项资产风险的衡量

第四节　利率

一、利率的概念与种类

二、决定利率高低的基本因素

三、未来利率水平的预测

**思考题**

1. 什么是货币时间价值？货币时间价值从何而来,怎样计量？

2. 货币时间价值与投资风险价值的性质有何不同？

3. 什么是年金？它有哪些类型,如何计算？

4. 如何衡量投资风险的程度？

5. 什么是风险报酬？如何计量风险报酬？

6. 什么是利率,它有哪些类型,一般由哪些部分组成？

第三章　筹资路径与资本成本

**课时分配**　4课时

**教学要求**

本章主要介绍:长期筹资的基本概念;筹资渠道与筹资方式;筹资数量的预测;资本成本。

**教学内容**

第一节　筹资概述

一、企业筹资的概念

二、企业筹资的目的

三、企业筹资的原则

四、企业筹资的类型

### 第二节　筹资渠道与筹资方式

一、筹资渠道

二、筹资方式

三、筹资渠道与筹资方式的关系

### 第三节　筹资数量的预测

一、销售百分比法

二、线性回归分析法

### 第四节　资本成本

一、资本成本概述

二、个别资本成本

三、综合资本成本

四、边际资本成本

**思考题**

1. 什么是筹资？简述企业筹资的目的。

2. 简述企业筹资时应遵循的基本原则。

3. 企业筹资如何分类？

4. 企业的筹资渠道和筹资方式有什么区别和联系？应如何实现两者的最佳对应？

5. 预测资金需要量的方法主要有哪几种？

6. 如何使用销售百分比法和线性回归分析法预测资金需要量？

7. 什么是资本成本？资本成本的作用有哪些？

8. 简述影响资本成本高低的因素。

9. 什么是加权平均资本成本，其作用是什么？

10. 什么是边际资本成本，其作用是什么？

## 第四章　权益融资

**课时分配**　3课时

**教学要求**

本章主要介绍:吸收直接投资和发行股票融资两种权益资金的筹集方式。

**教学内容**

### 第一节　非股票方式融资

一、资本金制度

二、吸收直接投资

## 第二节　股票方式融资

一、发行普通股

二、发行优先股

三、可选择性股权融资

**思考题**

1. 普通股股东的基本权利与义务是什么？

2. 普通股、优先股在权利性质上的主要区别是什么？

3. 普通股筹资的条件及其利弊是什么？

4. 试述认股权证融资和可转换债券融资各有何利弊。

## 第五章　债务融资

**课时分配**　2 课时

**教学要求**

本章主要介绍：短期债务融资和长期债务融资方式。

**教学内容**

### 第一节　债务融资概述

一、企业债务的由来

二、企业债务融资的必要性

三、企业债务的种类

### 第二节　短期债务融资

一、商业信用

二、短期借款

三、短期融资券

### 第三节　长期债务融资

一、长期借款

二、长期公司债券

三、融资租赁

**思考题**

1. 流动负债根据偿付金额是否确定可以分为哪几种形式？

2. 商业信用的表现形式有哪些？

3. 企业如何确定是否应享有现金折扣，以及如何确定，何时付款？

4. 商业信用筹资的优缺点有哪些？

5. 短期借款中贴现法借款和加息法借款的实际利率如何确定？

6. 短期借款中的信用条件有哪些？

7. 短期融资券的发行条件是什么？

8. 长期借款筹资的优缺点有哪些?

9. 如何确定债券发行价格?

10. 融资租赁有哪些形式?

11. 如何计算融资租赁的租金?

## 第六章　杠杆作用与资本结构

**课时分配**　5 课时

**教学要求**

本章主要讨论:杠杆作用与风险;资本结构的基本理论;资本结构决策的基本方法。

**教学内容**

### 第一节　杠杆作用与风险

一、经营杠杆与经营风险

二、财务杠杆与财务风险

三、联合杠杆与联合风险

### 第二节　资本结构基本理论

一、净经营收入理论

二、净收入理论

三、传统理论

四、MM 理论

五、权衡理论

六、不对称信息理论

### 第三节　资本结构决策基本方法

一、资本结构概述

二、资本结构决策的意义

三、资本结构的决策

四、资本结构决策的影响因素

**思考题**

1. 简述经营杠杆系数的作用。

2. 简述财务杠杆系数的作用。

3. 简述联合杠杆系数的作用。

4. 试述联合杠杆与企业风险之间的关系。

5. 资本结构理论主要有哪些,其主要内容是什么?

6. 运用权衡理论,分析资本结构与企业价值之间的关系。

7. 资本结构的含义及影响因素是什么?

8. 资本结构决策的方法有哪些,其决策思路是什么?

## 第七章 投资决策概论

**课时分配** 1课时

**教学要求**

通过本章的教学,使学生掌握投资的种类与原则,了解投资环境要素的分析方法及对投资环境的评价,掌握组合投资决策和多角投资组合决策的思路。

**教学内容**

### 第一节 投资的种类与原则

一、投资的种类

二、投资的原则

### 第二节 投资环境要素分析及其评价

一、投资环境的概念和分类

二、投资环境的要素分析

三、投资环境的评价

### 第三节 组合投资决策

一、资产、资本组合投资决策

二、多角投资组合决策

**思考题**

1. 什么是投资?投资是如何分类的?

2. 影响投资环境要素的因素有哪些,如何正确评价?

3. 投资环境评价分析方法有哪些?

4. 如何正确地进行资产组合投资决策、资本组合投资决策和资产与资本适应性组合决策?

5. 资产与资本适应性组合结构通常有哪几种安排?

## 第八章 固定资产与无形资产投资决策

**课时分配** 5课时

**教学要求**

通过本章的教学,使学生掌握固定资产投资决策的几种方法(投资回收期法、投资回报率法、净现值法、现值指数法和内含报酬率法)的特点、评价标准、优缺点。了解固定资产日常控制的方法及无形资产投资管理决策。

**教学内容**

### 第一节 固定资产投资决策

一、现金流量

二、投资决策方法

第二节 固定资产日常控制

一、实行固定资产的日常控制责任制

二、固定资产实物的日常控制

三、提高固定资产的利用效果

第三节 无形资产投资管理决策

一、无形资产投资的含义及特点

二、无形资产投资管理

**思考题**

1. 为什么要选择现金流量指标作为固定资产投资决策指标的基础？

2. 在固定资产投资决策中,不同阶段的现金流量各有何特点？

3. 为什么通常选择贴现的现金流量指标进行投资决策？

4. 净现值法、现值指数法和内含报酬率法有何联系和区别？

5. 如何加强固定资产日常管理？

6. 如何加强无形资产投资前的管理？

## 第九章 对外投资管理

**课时分配** 2课时

**教学要求**

通过本章的教学,使学生掌握：对外投资的含义与评价,对外直接投资的内容,对外证券投资的步骤及投资分析方法,证券投资基金的含义、分类及对基金的价值评价。

**教学内容**

第一节 对外投资的含义与评价

一、对外投资的含义

二、对外投资项目的技术经济评价

第二节 对外直接投资

一、中外合资和合作投资

二、企业合并投资

第三节 对外证券投资

一、对外证券投资的步骤

二、证券投资态势分析方法

第四节 证券基金投资

一、证券投资基金含义、分类

二、证券投资基金分类

三、反映基金投资价值的财务指标及其分析

**思考题**

1. 如何开展对外投资项目的技术经济评价？

2. 中外合资和合作投资在财务管理上有何特点？

3. 企业合并投资的主要作用是什么？

4. 证券投资基本因素分析法和技术分析法各有何特点，它们之间有何关系？

5. 反映基金投资价值的财务指标有哪些，如何分析？

## 第十章 营运资金管理

**课时分配** 5课时

**教学要求**

本章主要介绍营运资金的管理，要求理解营运资金的概念、特点及营运管理的原则，理解现金管理的目的与内容、应收账款管理的功能与成本、存货管理的功能与成本，掌握最佳现金余额的确定方法、应收账款政策的制定方法、存货规划及存货的日常控制的方法。

**教学内容**

### 第一节 营运资金管理概述

一、营运资金的概念及特点

二、流动资产管理的要求

### 第二节 现金的管理

一、现金的特点

二、现金的定量管理

### 第三节 应收账款的管理

一、信用管理的政策

二、改变应收账款政策的定量评价

三、应收账款的监控

### 第四节 存货的管理

一、存货的管理责任制

二、存货的日常控制

**思考题**

1. 流动资产有何特点，在管理上有何要求？

2. 有几种现金定量管理模式，各种模式有何特点，如何正确选择运用？

3. 分析采用商业信用政策的利弊，如何规避商业信用政策的风险？

4. 从商业信用政策构成要素思考，如何设计优化的商业信用政策？

5. 如何加强应收账款的事前监管和事后监管？

6. 如何加强存货管理？

7. ABC 分类管理的要点是什么？

## 第十一章　收益分配管理

**课时分配**　2 课时

**教学要求**

通过本章的教学,要求了解收益分配的程序、形式及制约因素,理解股利分配政策的基本理论,掌握股利政策的类型及其特点。

**教学内容**

### 第一节　收益分配程序、形式及制约因素

一、收益分配程序

二、收益分配形式

三、收益分配的制约因素

### 第二节　关于股利政策的理论观点

一、投资决定模式

二、股利决定模式

三、收益决定模式

### 第三节　股利政策实务

一、利润分配的程序

二、影响股利政策制定的相关因素

三、股利政策的主要类型

四、股利支付程序与方式

五、股票回购

**思考题**

1. 企业收益分配的程序包括哪几个基本步骤？企业对利润总额分配的程序是什么？股份有限公司向股东支付股利的程序主要经历哪些步骤？

2. 国家、债权人、人力资本所有者和投资者参与企业收益分配的形式分别是什么？企业收益分配过程中如何考虑各有关当事方的利益要求？

3. 投资决定模式、股利决定模式和收益决定模式下的股利政策分别是如何制定的？

4. 影响股利政策制定的相关因素有哪些？

5. 在股利分配的实务中,公司经常采用的股利政策有哪些,公司应如何结合实际加以运用？

6. 常见的股利支付方式有哪些？

7. 什么是股票回购？股票回购有哪些类型？公司进行股票回购的动机有

哪些？

## 第十二章 财务预算

**课时分配** 3课时

**教学要求**

本章主要介绍了全面预算,要求了解全面预算的基本含义和组成内容,了解财务预算与ERP系统的关系,了解业务预算、专门决策预算和财务预算之间的关系,理解并掌握财务预算的编制方法。

**教学内容**

### 第一节 财务预算与ERP系统

一、全面预算的组成内容

二、财务预算的作用和编制程序

三、财务预算与ERP系统的关系

### 第二节 财务预算编制方法

一、固定预算与弹性预算

二、增量预算和零基预算

三、定期预算与滚动预算

### 第三节 财务预算编制案例

一、业务预算的编制

二、专门决策预算的编制

三、财务预算的编制

**思考题**

1. 什么叫全面预算和财务预算,包括哪些内容？

2. 简述预算编制的程序。

3. 简述预算编制的特点和作用。

4. 如何认识预算与ERP的关系？

5. 什么叫弹性预算？简述弹性预算的适用范围及其作用。

6. 什么叫零基预算？简述零基预算的特点、作用及其编制程序。

7. 什么叫滚动预算？滚动预算具有哪些优点？

8. 如何认识财务预算在现代企业管理中的作用？

## 第十三章 财务控制

**课时分配** 3课时

**教学要求**

通过本章的教学,要求了解财务控制的内涵和财务风险控制系统,理解责任中心的业绩评价,掌握责任中心转移价格的制定方法。

**教学内容**

第一节 财务控制的内涵

一、财务控制的主体

二、财务控制的客体

三、财务控制的目标

第二节 责任中心及其评价

一、成本中心

二、收入中心

三、利润中心

四、投资中心

五、责任中心业绩评价的可控原则

第三节 责任中心之间的转移价格

一、转移价格概述

二、转移价格的制定方法

三、国际转移价格

第四节 财务风险控制(预警)系统

一、财务预警系统的机制构成

二、财务预警分析方法——财务失败模型

三、财务预警系统的构建模式

**思考题**

1. 何为财务控制,其内涵是什么?

2. 责任中心主要有哪几种,它们的业绩考核指标分别是什么?

3. 企业制定内部转移价格的核心问题是什么?

4. 转移价格的制定方法有哪些,各有什么优缺点,企业如何选用?

5. 跨国公司制定转移价格的目标有哪些?跨国公司选择转移价格制定方法时受到哪些企业内外部因素的制约?

6. 国际转移价格的表现形式主要有哪些?国际转移价格的制定程序包括哪几个步骤?

7. 财务失败模型有哪些类型?

8. 企业的财务预警系统的基础机制和过程机制分别包括哪些内容?企业财务风险预警系统如何构建?

# 第十四章 资产估价

**课时分配** 3课时

**教学要求**

本章主要介绍债券和股票的各种价值形式、影响价值的因素、估价的技术方法及其投资决策方法，以及企业整体估价的各种方法及其应用。

**教学内容**

第一节  债券估价

一、债券价值的形式

二、债券价值的估算

第二节  股票估价

一、股票价值的形式

二、股票价值的估算

第三节  企业整体估价

一、现金流量贴现法

二、资产基准法

三、市场比较法

四、业务分拆法

**思考题**

1. 利率变动、期限长短对债券价值的变化会产生什么影响？

2. 债券发行价格与票面价值不等的原因是什么？

3. 不同形式的股票价值有何区别？

4. 在不同的股利增长情形下，股票估价的基本模型应做怎样的调整？

5. 如何运用市盈率指标评估股票的价值？

6. 影响股票市场价格的因素有哪些？

7. 如何运用净现值法和内含报酬率法进行债券、股票的投资决策？

8. 现金流量贴现公式中的各项因子如何确定？

9. 市场比较法下如何利用总资本乘数估算企业全部资本（资产）的价值？

## 第十五章  财务分析

**课时分配**  5 课时

**教学要求**

通过本章的教学，要求掌握财务分析的基本比率、财务综合分析的方法、企业价值创造分析的方法，并能熟练运用这些方法对企业的财务状况、现金流量、经营成果和企业所有者权益变化进行分析，了解企业的偿债能力、营运能力、盈利能力、发展能力和财务综合竞争能力。

**教学内容**

第一节 财务分析概述

一、财务分析概念

二、财务分析的目的

三、财务分析的内容

四、财务分析的依据

五、财务分析的方法

第二节 基本财务比率分析

一、偿债能力比率分析

二、营运能力比率分析

三、盈利能力比率分析

四、增长能力比率分析

第三节 财务综合分析

一、企业财务综合分析的含义及特点

二、沃尔财务状况综合评价法

三、杜邦财务分析体系

第四节 企业价值创造分析

一、EVA 的计算公式

二、EVA 的主要特点

**思考题**

1. 什么是财务分析？简述财务分析的主要作用。

2. 财务分析的主要方法有哪些？比率分析法有哪些局限性？

3. 如何评价企业的偿债能力、营运能力、盈利能力和增长能力？

4. 什么是杜邦财务分析体系，其核心内容是什么？

5. 简述 EVA 的含义及其主要内容。

注：以上课时分配仅供参考，教师根据专业和学生的基础水平，可适当调整课时分配，例如对于非财务管理专业的学生，财务预算、财务控制、资产估价等内容可略讲。如果总课时增减，可按上述课时分配比例调整。

# 二
# 试题式样

## 《财务管理》试卷

—— 学年 第 学期

财务管理 课程试卷(B卷)

校区＿＿＿＿＿ 专业年级＿＿＿＿＿ 班级＿＿＿＿＿ 学号＿＿＿＿＿ 姓名

| 题号 | 一 | 二 | 三 | 四 | 五 | 总分 |
|------|----|----|----|----|----|------|
| 分数 |    |    |    |    |    |      |
| 阅卷人 |  |    |    |    |    |      |
| 复核人 |  |    |    |    |    |      |

1. 本卷考试形式为闭卷,考试时间为两小时。

2. 考生不得将装订成册的试卷拆散,不得将试卷或答题卡带出考场。

3. 可以使用普通计算器。

---

一、单项选择题(共 15 题,每题 1 分,共计 15 分)

二、多项选择题(共 5 题,每题 2 分,共计 10 分)

三、判断题(共 10 题,每题 1 分,共计 10 分)

四、简答题(共 2 题,每题 5 分,共计 10 分)

五、计算题(共 4 题,每题 10 分,共计 40 分)

六、综合分析题(共 1 题,每题 15 分,共计 15 分)

| 本题<br>得分 | |
|---|---|

一、单项选择题(共 15 题,每题 1 分,共计 15 分)

答题要求:下列各小题备选答案中,只有一个符合题意的正确答案,请将选定的答案填在括号内。

1. 投资于国库券时不考虑的风险是 ( )

   A. 购买力风险 　　　　　　 B. 违约的风险

   C. 期限性风险 　　　　　　 D. 再投资风险

189

2. 对于货币的时间价值概念的理解,下列表述中错误的是 （　）

 A. 货币的时间价值应按复利方式来计算

 B. 货币的时间价值是评价投资方案标准

 C. 货币的时间价值不同于风险价值概念

 D. 货币时间价值用相对数或绝对数表示

3. 下列各项中,不会影响流动比率的业务是 （　）

 A. 用现金购买短期债券　　　　B. 用现金购买固定资产

 C. 用存货对外长期投资　　　　D. 发行企业长期债券

4. 在所有财务比率中综合性最强、最具有代表性的指标是 （　）

 A. 权益净利率　　　　　　　　B. 资产周转率

 C. 资产净利率　　　　　　　　D. 销售净利率

5. 企业留存现金的原因,主要是为了满足 （　）

 A. 交易性、预防性、收益性需要

 B. 交易性、投机性、收益性需要

 C. 交易性、预防性、投机性需要

 D. 预防性、收益性、投机性需要

6. 在企业有盈利的情况下,下列有关外部融资需求表述正确的是 （　）

 A. 股利支付率提高会引起外部融资增加

 B. 销售增加会引起外部融资需求的增加

 C. 销售净利润提高会引起外部融资需求的减少

 D. 资产周转率提高会引起外部融资需求的增加

7. 相对于股东财富最大化目标而言,企业价值最大化目标的不足之处是

（　）

 A. 不能反映企业潜在的获利能力

 B. 不能反映企业当前的获利水平

 C. 没有考虑资金的时间价值

 D. 没有考虑投资的风险价值

8. 境内主板市场申请股票上市,其股份公司股本总额不应少于人民币（　）

 A. 10 000 万　　　　　　　　　B. 5 000 万元

 C. 3 000 万元　　　　　　　　　D. 1 000 万元

9. 某公司发行可转换债券,每张面值为 1 000 元,若该可转换债券的转换价格

为 40 元,则每张债券能够转换为股票的股数为 （　）

 A. 40　　　　　　　　　　　　B. 15

 C. 30　　　　　　　　　　　　D. 25

10. 某公司的经营杠杆系数为 1.5,财务杠杆系数为 1.2,则该公司销售额每增长 1 倍,就会造成每股收益增加 （　　）

　　A. 1.25 倍　　　　　　　　　　B. 1.8 倍

　　C. 1.2 倍　　　　　　　　　　D. 0.3 倍

11. 一般说来,下列筹资方式中资金成本最低的是 （　　）

　　A. 发行股票　　　　　　　　　B. 留存收益

　　C. 发行债券　　　　　　　　　D. 长期借款

12. 当折现率为 12% 时,某项目的净现值为 −30 元,这说明该项目的内含报酬率

　　A. 为 0　　　　　　　　　　　B. 小于 12%

　　C. 大于 12%　　　　　　　　　D. 为负值

13. 某企业如以"1/30,N/50"的信用条件购进材料一批,则企业放弃现金折扣的成本为 （　　）

　　A. 1%　　　　　　　　　　　　B. 29%

　　C. 18.18%　　　　　　　　　　D. 20%

14. 某公司原发行普通股 100 000 股,拟发放 10% 的股票股利,已知原每股收益为 2.31 元,若盈余总额不变,发放股票股利后的每股收益将为多少元 （　　）

　　A. 2.1　　　　　　　　　　　　B. 3.1

　　C. 0.23　　　　　　　　　　　D. 2.54

15. 某公司税后利润为 50 万元,目前资本结构中权益资本占 60%,债务资本占 40%。假设第 2 年投资计划需资金 40 万元,当年流通在外普通股为 13 万股,如果采取剩余股利政策,该年度股东可获每股股利为 （　　）

　　A. 0.77 元　　　　　　　　　　B. 1.85 元

　　C. 3.85 元　　　　　　　　　　D. 2 元

## 二、多项选择题(共 5 题,每题 2 分,共计 10 分)

答题要求:下列各小题备选答案中,有两个或两个以上符合题意的正确答案,请将选定的答案填在括号内;多选、少选、错选均不得分。

| 本题<br>得分 | |
| --- | --- |

1. 下列哪些股利政策不利于股东安排收入与支出 （　　）

　　A. 剩余股利政策　　　　　　　B. 固定股利支付率政策

　　C. 固定或持续增长的股利政策　D. 高现金支付股利政策

　　E. 低正常股利加额外股利政策

2. 关于留存收益的资本成本,正确的说法是 （　　）

　　A. 不存在资本成本问题　　　　B. 成本计算不考虑筹资费用

C. 成本是一种机会成本　　　　　　　D. 在企业实务中一般不予考虑

E. 股东投资所要求的必要收益率

3. 下列表述正确的是　　　　　　　　　　　　　　　　　　　（　　）

　A. 同次发行的股票,每股的发行条件和价格应当相同

　B. 股票发行价格可以等于票面额或超过票面额,但不得低于票面金额

　C. 向发起人发行的股票为记名股票,向社会公众发行的股票为无记名
　　股票

　D. 发行无记名股票的公司应当记载其股票数量、编号及发行日期

　E. 发行新股须由董事会作出决议

4. 下列各项中,属于应收账款管理成本的是　　　　　　　　　（　　）

　A. 坏账损失　　　　　　　　　　　B. 信誉调查费用

　C. 收账费用　　　　　　　　　　　D. 持有应计利息

　E. 现金折扣成本

5. 如果其他因素不变,一旦折现率提高,则下列指标数值将会变小的是

　　　　　　　　　　　　　　　　　　　　　　　　　　　　（　　）

　A. 静态投资回收期　　　　　　　　B. 净现值

　C. 内含报酬率　　　　　　　　　　D. 现值指数

　E. 平均回报率

| 本题 |  |
|------|--|
| 得分 |  |

三、判断题(共 5 题,每题 2 分,共计 10 分)

答题要求:判断对错,正确打"√",错误打"×",并改正。

1. 企业按照销售百分比法预测出来的资金需要量,是企业在未来一定时期资金需要的总量。　　　　　　　　　　　　　　　　　　　　　　　　（　　）

2. 某公司年末会计报表上部分数据为:流动负债 80 万元,流动比率 3,速动比率 1.6,销售成本 129 万元,年初存货 60 万元,则本年度存货周转次数为 1.5 次。

　　　　　　　　　　　　　　　　　　　　　　　　　　　　（　　）

3. 在盈余一定的条件下,现金股利支付比率越高,资产的流动性越低。

　　　　　　　　　　　　　　　　　　　　　　　　　　　　（　　）

4. 财务杠杆是通过扩大销售影响息税前利润(EBIT)的。　　　（　　）

5. 某公司考虑购买价值 8 万元的一台机器。按照直线法计提折旧,使用年限 4 年,期满无残值。预计投资后每年可以获得净利润 3 万元,则投资回收期为 2.67 年。　　　　　　　　　　　　　　　　　　　　　　　　　　　（　　）

<table>
<tr><td>本题<br>得分</td><td></td></tr>
</table>

四、简答题(共 2 题,每题 5 分,共计 10 分)

答题要求:简要回答下列问题。

1. 认购权证与认沽权证有何区别?试各举一个实例简要回答。

2. 根据公司股权变动表,主要分析哪些财务问题?

<table>
<tr><td>本题<br>得分</td><td></td></tr>
</table>

五、计算题(共 4 题,每题 10 分,共计 40 分)

答题要求:列出必要的计算过程,结果保留两位小数。

1. 某公司在 2017 年 1 月 1 日以 950 元价格购买一张面值为 1 000 元的新发行债券,其票面利率 8%,5 年后到期,每年 12 月 31 日付息一次,到期归还本金。可能用到的系数:$(P/A,9\%,5)=3.890$,$(P/A,10\%,5)=3.791$,$(P/A,12\%,3)=2.402$,$(P/A,12\%,5)=3.605$,$(P/F,9\%,5)=0.65$,$(P/F,10\%,5)=0.621$,$(P/F,12\%,3)=0.712$,$(P/F,12\%,5)=0.567$

要求:(1) 计算该债券到期收益率。

(2) 假定 2018 年 1 月 1 日的市场利率为 12%,债券市价为 900 元,判断是否购买该债券。

2. 某企业拟追加筹资 2 500 万元。其中发行债券 1 000 万元,筹资费率 3%,债券面值 900 万元,票面利率为 5%,2 年期,每年付息一次,到期还本,所得税率为 25%;优先股 200 万元,筹资费率为 3%,年股息率 7%;普通股 1 000 万元,筹资费率为 4%,第 1 年预期股利为 100 万元,以后每年增长 4%;其余所需资金通过留存收益取得。

要求:计算该筹资方案的综合资本成本。

3. 某厂两年前购入一台设备,原值为 61 000 元,预计净残值为 1 000 元,尚可使用年限为 4 年,且会计处理方法与税法规定一致。现在该厂准备购入一台新设备替换该旧设备。新设备买价为 52 000 元,使用年限为 4 年,预计净残值为 2 000元。若购入新设备,可使该厂每年的现金净流量由现在的 30 000 元增加到 39 000元。旧设备现在出售,可获得价款 41 000 元。该厂资本成本为 10%,所得税税率

为 25%。$(P/A,10\%,4)=3.170,(P/F,10\%,4)=0.683$

要求:采用净现值法评价该项售旧购新方案是否可行。

4. 某企业 2017 年的销售收入为 110 万元,变动成本率为 70%,经营杠杆系数为 1.5。

要求:(1) 若 2018 年销售收入比 2017 年增长 20%,保持 2017 年的其他条件不变,预测 2018 年的息税前利润。

(2) 若 2018 年的固定成本较 2017 年上涨 8%,保持 2017 年的其他条件不变,2010 年销售收入必须增长多少,才能实现预测的息税前利润?

| 本题<br>得分 | |
| --- | --- |

六、综合分析题(共 1 题,每题 15 分,共计 15 分)

答题要求:定量分析结果保留两位小数。

资料:美达公司与宏兴公司同属化工行业,两公司项目投资举债都是依靠长期借款,日常营运资金的开支举债主要依赖企业非付息负债(应付类流动负债),现将两公司上年有关财务资料整理简化如下表:

**有关财务资料**

| 项　目 | 美达公司 | 宏兴公司 |
| --- | --- | --- |
| 普通股股数(万股) | 8 000 | 12 000 |
| 资本公积和盈余公积(万元) | 2 132 | 3 621 |
| 未分配股利(万元) | 1 062 | 2 138 |
| 长期银行借款(7%年利率,万元) | 2 200 | 4 671 |
| 非负息负债(万元) | 1 821 | 1 132 |
| 利润总额(万元) | 1 453 | 2 942 |
| 所得税税率(%) | 25 | 25 |

要求:

(1) 定量分析计算两个公司资本结构;

(2) 假定预计下年两公司收益增加水平相同,定量分析哪个公司的资本结构现况更有利于提高公司价值。

注:根据教学需要,以上试题式样和试题形式可以适当调整。

## 三

# 网络资源与参考书刊

 **网络资源推荐**

**1. 友情链接**

(1) 中华人民共和国财政部 http：//www. mof. gov. cn

(2) 中华人民共和国商务部 http：//www. mofcom. gov. cn

(3) 中国税网 http：//www. ctaxnews. com. cn

(4) 国际会计师公会（AIA 中国网站）http：//www. aiaworldwide. com/China/

(5) 国际财务管理师 http：//www. ifm. org. cn

(6) 财务经理人网站 http：//www. ecfo. com. cn

(7) 江苏省精品课程《财务管理》http：//jwc. njue. edu. cn/jpkc/

**2. 主要数据库**

(1) Wind 资讯金融

(2) 中国期刊全文数据库（教育网）

(3)《大英百科全书》(eb-online)

(4) 国泰安 CSMAR（镜像光盘下载）

(5) 中国期刊全文数据库（电信网）

(6) Lexis Nexis 数据库

(7) Elsevier 数据库

(8) ProQuest 数据库

(9) 重庆维普数据库

(10) 万方系列数据库

(11) 人大复印资料

**3. 境外相关网站**

(1) http：//www. careers-in-finance. com

该网站提供了金融和财务管理专业的职业信息

(2) http：//www. valuepro. net
该网站提供了估计 WACC 的软件和数据

(3) http：//www. thecorporatelibrary. com
该网站提供了有关公司治理的学习资料

(4) http：//www. ipo. com
该网站提供了有关 IPO 的丰富信息

(5) http：//www. financeadvisor. com/finadv/index. shtml
该网站提供了 EVA 的学习资料

(6) http：//money. cnn. com
该网站提供了丰富的财经信息和公司财务学习资料

(7) http：//www. finpipe. com
该网站对公司财务中的一些主要融资方式进行了详细的解释

(8) http：//www. treasuryandrisk. com
该网站提供了一些短期财务管理的文章

(9) http：//www. phoenixhecht. com/treasuryresources/index. aspx
该网站提供了有关现金管理的学习资料

(10) http：//www. creditworth. net
该网站提供了有关信用管理的学习资料

(11) http：//www. real-options. org
该网站提供了实物期权的学习资料

(12) http：//www. gecapital. com
该网站提供了各种融资解决方案

(13) http：//www. ipfa. org

该网站提供了项目融资的学习资料

(14) http://www.mhhe.com/irwin/Ross/Web/index.html＃
该网站为公司理财在线学习辅导网站

## 参考书目推荐

1. 中国注册会计师协会.财务管理.中国财政经济出版社,2017

2. 财政部会计资格评价中心.财务管理学.中国财政经济出版社,2017

3. 周首华.当代西方财务管理.东北财经大学出版社,1997

4. 夏乐书,刘淑莲.公司理财学.中国财政经济出版社,1998

5. 余诸缨.企业财务学.辽宁人民出版社,1995

6. 荆新,王化成,刘俊彦.财务管理学.中国人民大学出版社,2015

7. 杨雄胜.财务基本理论研究.中国财政经济出版社,2000

8. 周首华,陆正飞,汤谷良.现代财务理论前沿专题.东北财经大学出版社,2000

9. 汤业国.中西财务比较研究.中国人民大学出版社,1998

10. 杨淑娥,胡元木.财务管理研究.经济科学出版社,2002

11. 郭复初.现代财务理论研究.经济科学出版社,2000

12. (美)威廉·L.麦金森.公司财务理论.刘明辉主译.东北财经大学出版社,培生教育出版集团,2002

13. 斯蒂芬·A.罗斯.公司理财精要.吴世农译.机械工业出版社,2000

14. 道格拉斯·R.爱默瑞,约翰·D.芬尼特.公司财务管理.荆新,王化成,李焰等译校.中国人民大学出版社,1999

15. 道格拉斯·R.爱默瑞,约翰·D.芬尼特.公司财务管理(英文版).中国人民大学出版社,PRENTICE HALL 出版公司,1998

16. 爱斯华斯·达英德伦.公司财务.中国人民大学出版社,2001

17. 尤金·F.布瑞翰,乔尔·F.休斯顿.财务管理基础.东北财经大学出版社,2004

18. 詹姆斯·C.范霍恩.现代企业财务管理.经济科学出版社,1998

19. 詹姆斯·C.范霍恩.财务管理与政策(第 11 版).刘志远译.东北财经大学出版社,2000

20. Keown, Arthur J., Martin, John D., Petty, J. William, Scott, David F. Jr., *Financial Management: Principles and Applications*, 10th edition,

New Jersey：Pearson Education，Inc.，2005

21. 斯蒂芬·A.罗斯.公司理财(第5版).吴世农,沈艺峰译.机械工业出版社,2000

 **参考杂志推荐**

《管理世界》、《会计研究》、《金融研究》、《财政研究》、《税务研究》、《财务与会计》、《财务与会计导刊》等与财务管理课程相关的纸质专业刊物或电子专业刊物。